東日本大震災最大の被災地・石巻

病《や》める「海のまち」闇

高須基仁
Takasu Motoji

モッツコーポレーション＋展望社

独《ひと》り佇《たたず》んだ喪失の地、石巻……
そこで突如湧き上がった〝不屈の想い〟
――まえがき

私は永く作家・辺見庸の作品群を自らの思考の原点としてきた。

辺見庸は１９４４年に宮城県石巻市に生まれた。石巻高校、東京外語大を出て１９７０年共同通信社入社。北京特派員、ハノイ支局長、外信部次長、編集委員などを経て９６年退社。７８年中国報道で日本新聞協会賞、共同通信在社中の９１年「自動起床装置」で芥川賞受賞。世界各地を一人で回り「もの食う人びと」を河北新報など加盟社紙面に連載し９４年講談社ノンフィクション賞を受けた。退社後、作家となり、詩文も書いた。

２００４年3月に辺見庸は新潟での講演中に突然、脳出血で倒れた。

それから1年4カ月ほど経った日、東京竹橋にある毎日新聞社地下にある毎日ホールで、「自分自身への審問」と名をうった講演会が開かれた。

私は１９４７年生まれ。同世代だ。ジャーナリストの魚住昭や、死刑制度に反対する安田好弘弁護士等に囲まれながら会場の後方で辺見庸の到着を待った……。

バッハの管弦楽組曲第4番二長調レジュイサンスが流れる中、杖をつき、不自由な歩き方をしながらも、ゆっくりと会場に現れ、自力で壇《だん》上に立った。

辺見庸は、私の生きるメルクマールであり、私の水先案内人であった！

そして帰りしな「潜思」と震える手で書いたと思われるサインが入った「自分自身への審問」（毎日新聞社刊）を手渡された。

私は辺見庸の著作本のタイトルが好きだ。

「もの食う人びと」「屈せざる者たち」「永遠の不服従のために」「抵抗論」「いま、抗暴のときに」は、進退が極まった時、繰り返し読んできた。

そして辺見庸の近著対談集「絶望という抵抗・辺見庸vs佐高信」（金曜日刊）の最終章で〝年寄りが鉄パイプを持って突撃する〟と語り、用意周到なプランを練って対決するということではなく、自分でも見えない情動がふつふつと体の奥で湧いてきて、「ふざけるな」となる発作的な行動を礼賛した。

私は辺見庸と同様に「俺はお前の顔が嫌いだ。お前の有り様が許せない」というつまらない些事《さじ》の積み重ねの中に、計算以上の感情というか直感で本書の出版を決断した。

つまり、体を担保にした。２０１１年3月11日、東日本大震災発生の最大の被災地、宮城県石巻市のやりたい放題の亀山紘市長と浅野亨石巻商工会議所会頭に対する告発である。

私は２０１１年5月初旬、独りぼっちでベンツ５６０Sを運転して、がれきに埋まった状況の石巻市に入った。一人の女性の消息を尋ねるためである。

１９６８年10月21日の夕刻、当時は東京六本木にあった防衛庁に、中央大学全学連の〝頭〟として丸太を抱えた私は、ベトナム戦争反対の志の中、同志２０００名と共に突入を図った。まだ20歳であった。

恋人は、東京都足立区六月町に住み、台東区白鷗高校に通っていた岩上登美子という名の高校三年生。美しい娘であった。

「高須君、平和がいいよ、戦争は嫌よ」が岩上登美子の口グセであった。

そして、都内の女子大に入学した彼女は教師になり、永く宮城県に住んだ。

そして、3月11日には石巻市に住んでいた!!

何も無い!!　何も残っていない!!　何の痕跡も無い!!

私は茫然と石巻のがれきのなかに佇《たたず》んだ。

「週刊金曜日」が2016年2月5日号で「最大の被災地石巻市で相次ぐ復興マネー事件」という見出しで、密接なつながりを持つ亀山市長と浅野商工会議所会頭が連携し、多額の復興交付金の使途をめぐり、談合、詐欺などの事件が起きていたことを4ページ特集で報道した。その中で、浅野会頭が組合理事長の7階建て79戸の中心市街地再開発マンションは、事業費34億円のうち市が災害復興住宅として54戸を20億円で優先買い取りすることを市議会で質疑もないまま承認した。国交付金を含めて80%《パーセント》が公金だ。一体、これはどうなっているのか。行政のトップと経済界のトップが手を組めば何でもできるということか。

週刊金曜日の平井編集長と私は、74人の児童と10人の教師が津波で命を奪われた大川小学校に行った。津波が襲ってくるまで40分近く、校庭に避難したまま。すぐそばの山になぜ逃げなかったのか。

石巻市長・石巻商工会議所会頭のデタラメな復興交付金の使途を知った。秘かに、ゆっくりと調査をし、本書を書き上げた。

石巻市は「海のまち」として栄えてきた。そこにマグニチュード9・0という日本で最大、世界で4番目の巨大地震が襲ってきた。震災発生後、6年目に入っているが、石巻は「病める海のまち」から抜け出せる状況ではない。

地方自治体は約1800ある。首長は「権力」を持っている。首都東京都知事は「カネの使い方」で「権力の座」から追われた。責任感、自己浄化力の薄いトップの石巻市のような「病んでいる姿」は、ここだけではないと思う。

この作品を巡り、ジャーナリスト相澤雄一郎氏、展望社唐澤明義社長にはお世話になった。

2016年7月

高須 基仁

病める「海のまち」・闇

◉目次

第1章

亀山紘市長は行政トップの責任を果たしているか
震災発生日に仙台で講演、日赤病院に二泊

第2章
石巻商工会議所会頭の浅野亨氏が1985年、社長を務めた石巻テレビ。経営不振で2002年、国が職権解散。株主に報告せず長年放置……

第3章

疑惑だらけの中央1丁目14・15番地区市街地再開発事業

第4章 震災がれき撤去詐取事件

第5章

津波で廃院の市立病院　石巻駅前に9月オープンへ

第6章 大川小児童74人の犠牲は「人災」だ

【資料編】大川小学校事故検証委員会

第1章

亀山紘市長は行政トップの責任を果たしているか
震災発生日に仙台で講演。日赤病院に二泊

行政トップの亀山紘市長、震災発生日に日赤病院に一泊 そして、3日目午後、カヌーで登庁……

2011年（平成23年）3月11日（金）午後2時46分、東日本大震災が発生した。石巻駅前の石巻市役所庁舎は土井喜美夫前市長時代に譲渡された6階建て「さくら野デパート」。

軟弱地盤の土地だが基礎工事が頑丈に行われた建物であったため損傷はほとんどなかった。地震直後は駐車場の使用ができ、午後6時ころに津波で水位が上がってきた。その後、市役所庁舎一帯は1・5～2メートル浸水、1階は水没した。

午後3時半過ぎ太平洋に注ぐ旧北上川から越流した10メートルの大津波が襲ってきたが、夕刻には商店街など中心部は壊滅的な被害を受け、水路のようになった道路は車や壊れた家屋のがれきで埋まった。

市民は市内高台、内陸部の小中高、市体育館などに避難。雪も降り始め多数の死者、行方不明者で大混乱となった。

亀山市長は仙台のパレス宮城野で、誘致企業関連のスメープ・ジャパン主催のシンポジウム「微細藻培養技術の確立と実用化」について午後1時半から講演した。講演途中に地震発生、シンポジウムは中断、公用車で石巻に向かったが、三陸自動車道、国・県道など主要道路は不通。午後8時ころ北上川下流河川事務所前まで来たが津波浸水で市庁舎にたどり着くことができず午後11時ころ、石巻赤十字病院に入った。

市役所では4階に市災害対策本部を設置、北村悦朗副市長、菅原秀幸総務部長ら幹部職員らが協議したが、災害状況は全くつかめず、避難場所や食糧、飲料水供給などの状況もわからずお手上げとなった。庁舎内には200人もの市民が避難した。

そういう状態でありながら対策本部と亀山市長との連絡は全く取れなかった。電話は不通、無線通信もできない。市長は11日夜、12日夜2晩、石巻赤十字病院に泊まり、13日昼過ぎ、市職員が借りた北上川下流河川事務所のカヌー2隻で登庁し、午後1時、対策本部に姿を見せた。市長が来たところでどうにもならない。「隣接の大崎市に救援を求めてはどうか」という部下の進言に対して「石巻市で対応する。イオンなどから食料品が届く」というが、運搬、配布などの具体策が出せる状況でなかった。

金・土・日の3日間不在のトップの行動に北村副市長ら幹部職員、市議会議員らからは「無責任過ぎる。連絡する方法はあったはずだ」「河南総合支所に行くことも思い浮かばなかったのか」などという批判が渦巻いた。総合支所職員の中には、山道を歩き胸まで水に浸かりながら対策本部に駆けつけた人もいた。

菅原総務部長の自宅は74人の児童が犠牲になった大川小学校の近くの釜谷地区。自宅が流され母、妻、娘が亡くなった。孫娘1人だけ助かった。それを知ったのは市災害対策本部で率先活動中の12日夕刻。菅原部長は本部室の片隅にうずくまって泣いていた。その姿を見た市議らは「亀山市長は赤十字病院に2泊せず、すぐにでも戻るべきだ」と行政トップへの不信感が生じた。その後の復旧復興に亀山市長の言動はマイナスになっていった。

FMラジオ石巻は庁舎4階に放送設備を移し、16日、東北総合通信局から出力100ワット災害FMラジオの許可を受けた。亀山市長はラジオ石巻から市民に協力を呼び掛けた。食料、水に苦しむ避難所の市民からは「今ごろになって何を言っているのか」という声もあった。

市職員は49人犠牲になった。亀山市長は「1人に行けば全員に行かなければならない」というのだろう。お悔みに行っていない。土井喜美夫前市長夫妻は自宅を襲った津波で亡くなった。亀山市長を応援した側近経済界幹部が、対立候補の土井氏が遺体で発見されたことを伝えた際、ほくそ笑んだように見えたという。これを契機に「亀山は冷酷人間だ」と見限り離れていった。市内葬儀場で葬儀が行われたが、亀山市長は北村悦朗副市長を代理参列させた。

石巻駅前広場の６階建てデパートを利用した石巻市役所庁舎

北村悦朗副市長は２００９年（平成21年）10月、宮城県企画部次長から就任した。東日本震災発生後、亀山市長支援グループの藤久建設伊藤秀樹社長の震災がれき詐取事件が２０１２年４月に週刊誌で報道され、市議会が１００条委員会を設置して究明に乗り出した。北村副市長は市議の質問に「告発すべき」と発言したことが亀山市長の怒りを買い、市長と副市長は冷却状態になった。北村副市長は１期４年で退任した。２０１１年７月に総務省消防庁から復興担当審議監として出向した笹野健氏を２０１２年１月、副市長に据え副市長２人体制にした。40

歳代の笹野健副市長は、総務部長で退職した菅原秀幸氏が２０１４年４月に副市長に起用されるまで９カ月、難しい副市長ポストを１人で担当した。44歳の笹野副市長は２０１６年６月10日、２期目途中で退任、総務省に戻った。東大卒の笹野氏は宮城県にも出向している。

混迷状態の亀山市長の下で震災後５年間、震災がれき撤去詐取事件、浅野亨石巻商工会議所会頭が理事長の市街地再開発事業組合マンション建設疑惑、市発注公共工事談合、市立病院建設をめぐる議会の追及など難題に直面した。復旧復興事業に専念できず、不満を漏らすようなことがあった。

独裁的な亀山市長の行政を補佐する副市長はどのような役割を持っているのか。北村、笹野、菅原３副市長の実績を検証することも必要だろう。市役所内部には不平、不満がはびこっていることを副市長は知っていたはずだ。

亀山市長は土井市長派の幹部職員を２年間で４度移動させる左遷人事、さらに昇格内示人事を取り消すなど乱用とも思える人事権を行使し、過去の経歴等を考慮することなく人事異動を連発して忠実な職員を登用した。上司が勤務中に部下を足蹴りにする暴行事件があり、その上司は昇格した。市関連事業を選挙支援業者が受注するケースも目立った。市議会は共産党会派が亀山市長支持派で市政監視の機能は弱体化していった。

復興庁はじめ中央省庁は亀山市政に批判的。国グループ化補助金約1億3、000万円詐取第1号として石巻市の水産加工会社が宮城県から告訴された事件もあり、村井嘉浩宮城県知事は石巻市の行事にほとんど出席していない。

宮城、岩手、福島3県の自治体で石巻市は最も甚大な被害を受けた。死者3181人、行方不明419人、5万6000棟、77パーセントの住宅が被災した。2005年（平成17年）4月、1市6町が合併、17万人になった。太平洋岸にある石巻最大企業の日本製紙石巻工場は大津波で操業できなくなったが、1部復旧まで3年かかった。

政府の「震災復興基本方針」は公費部分の復旧・復興規模は10年間で23兆円と見込んだ。石巻市で予定された事業費総額は約1兆255億円。市予算は震災前（2011年度）には一般会計620億3、000万円、特別会計500億円の合計1、100億円規模。しかし2012年度以降は3、000億円に膨らんだ。被害の大きさに応じて復旧・復興予算が大きくなるのは当然だが、人口70万人以上の政令指定都市並みになった。人口70万人の静岡市の予算は2、800億円。

そうした多額の復旧・復興費を使っていくことに石巻市役所の体制などは整っていない。商工会議所も同じ。復旧・復興関連の不明朗事件が起きてくるのはやむを得ない面はある。しかし、異常な事態を懸命になって切り盛りしていくのが行政トップの市長であり、経済界トップの商工会議所会頭である。石巻市ではトップにそうした能力がなかったのか、副市長以下職員の体制が不十分だったのか。「病める」状態だったのである。

隣接の東松島市の阿部秀保市長（61）は2016年5月12日、来年4月28日の任期満了を1つの節目にするとして3期目の今期で勇退することを表明した。30歳で旧矢本町議に当選以来、市議会議長、2005年4月、矢本、鳴瀬両町合併の初代市長。2003年7月に直下型の宮城県北部地震を体験しており、今度の東日本大震災では1、100人の犠牲者が出たが職員と一体となって復旧・復興に活躍した。被災自治体の模範と国から高く評価された。一方の石巻市は、震災翌年にがれき撤去詐取事件が週刊誌で明るみに出て、市議会は100条委員会を設置して亀山市長の責任を追及する騒ぎがあった。トップリーダーはこうも異なるのか。旧矢本町もかつては「政争の町」

だった。

沿岸部の旧雄勝町、北上町の支所は被災し、旧河北町の大川小では児童74人（行方不明4人）、教員10人（同1人）が犠牲になった。市、市教委は文科省、県教委の指導を受け大川小事故検証委員会を２０１２年12月に設置、５、７００万円をかけて学者らに検討してもらったが、「文科省と県教委の責任を問うのは難しい」という内容の設置要綱がある。遺族には知らされていない。柏葉照幸校長は12年間で教頭を5校転々、２００９年（平成21年）４月、大崎教育事務所管内から石巻管内の大川小校長に昇格、赴任した。1年目は石巻市内にアパートを借りて通ったが2年目からは大崎市鳴子川渡の80キロ離れた自宅から往復4時間かけて通勤した。震災当日午後、柏葉校長は中学生の長女の卒業式に出席するという理由で自宅に帰り不在。危

亀山紘市長

機管理能力ゼロの校長を任命した県教委の人事が74人の児童と10人の教師の命を奪った最大の原因ではないか。事故検証委報告書は「なぜ大川小だけに」ということには全く触れていない。これは「人災」と言えよう。19遺族23人児童の親は宮城県と石巻市を相手取って、23億円の国家賠償請求訴訟を起こして仙台地裁で裁判中。約20回、裁判で審議されたが危機管理能力ゼロに近い校長だったことが明らかにされた。原因はいろいろあるが、2016年6月末に結審、10月26日に判決が下される。亀山市長は判決にどう対応するのか。

市長2期目は浅野商工会議所会頭と密接連携

しかも市長に任命権がある市教育委員会教育長は震災前の2010年12月から脳梗塞で長期休職中。行政職の事務局長が教育長職務代行者。遺族の説明会で亀山市長の「自然災害の宿命発言」が問題になった。教育長不在は7カ月間に及んだ。亀山市長は今年3月で任期が切れる教育委員にがれき撤去詐取事件の伊藤秀樹グループの窪木好文氏の再任を提案しようとした。市議会最大会派のニュー石巻から反対され取り下げた。

震災がれき詐取事件で伊藤被告は石巻市から5、752万円の公金を詐取したとして仙台地検に起訴された。市は現在、損害請求民事訴訟を起こしている。窪木氏は伊藤秀樹会長の一般社団法人石巻災害復興支援協議会の理事だった。教育委員の任命権を持つ亀山市長はどうして窪木氏の再任提案を考えたのか。亀山市長の無責任さを象徴するものではないか。

2013年（平成25年）4月21日の市長選で亀山候補は再選された。自民、民主推薦、共産支持。浅野亨石巻商工会議所会頭が参謀役として応援した。選挙運動中の2013年4月17日午後、震度5の地震が発生した。市は災害対策本部を設置したが、市長と連絡が取れなかった。候補者でも選挙期間中は現職市長だ。「地震を気づかなかった」そうだが、6月定例市議会総務企画委員会で取り上げられ、選挙中、秘書課は市長の行動を把握しておらず、衛星携帯電話を付けていないことが明らかになった。牡鹿半島鮎川方面に選挙カーで行っていたそうだが、「独裁的な体制」を作り上げており、職員内部から批判の声は表に出てこない。市発注公共工事の最低予定入札価格も報告を受けているという。浅野亨石巻商工会議所会頭が疑惑視される談合事件（市発注の北上カントリーエレベーター建設工事）や入札をめぐる不明朗なケースもある。2期目再選後、選挙運動中の〝市長不明事件〟をもみ消すかのように、市災害対策本部を市長自らが招集するシステムに切り替えた。それまでは全国ほとんどの自治体が採用している災害発生と同時に自動招集となり、関係者が庁内外から駆けつける方式だった。災害発生状況により、担当部署が立ち上げていた。

２０１６年5月12日(木)午後3時5分、石巻市代表電話に「市長室に爆弾を仕掛けた。5分後に爆発する」という50~70代とみられる男の声で電話があった。職員、来庁者ら１００人以上が避難した。亀山市長は北海道石狩市に出張中だった。爆破物はなかったが、着信記録から市内の無職の52歳男性が威力業務妨害容疑で石巻署に逮捕された。

土井市長時代、共産党会派はタクシー券不正使用を追及し亀山氏初当選に貢献した。元仙台市長のタクシー券不正使用が仙台市議会で問題になった時期と重なり、それが利用された形になった。共産市議だった三浦一敏氏が県議になり2期目だ。市議会で亀山市長と浅野亨石巻商工会議所会頭の疑惑が追及されている中央1丁目14番・15番地区市街地再開発事業についても共産党会派は静観状態。

亀山氏は１９４２年10月26日生まれ、73歳。２００９年４月、石巻専修大学理工学部教授から現職の土井喜美夫氏に挑んで当選した。石巻高卒、神奈川大学工学部応用化学科卒、塩釜高教諭から東北大学技官、講師。１９８９年、石巻専修大学助教授、教授。

市長が震災発生日から２泊した石巻赤十字病院

亀山氏は教授時代、産学連携を図り、企業関係者との交流もあった。ラジオ石巻の番組審議会委員長を5年間ほど務めた。学長を狙ったそうだが、やはり東北大学出身者という学閥がある。東北大学農学部卒で開学から石巻専修大学教官を務めた坂田隆教授が４代目学長になった。２０１６年３月末退任、５代目学長は東京工業大学大学院卒の尾池守氏（１９５４年３月生まれ、62歳）が就任した。亀山氏は土井市長批判グループの地域活性化集団「チェンジ石巻」に乗り、２００８年（平成20末年）12月20日「チェンジ石巻」の会合に出席、市長選出馬を決断した。

初当選の際、市議会は18対15で土井野党派が多く、共産党は土井市長のタクシー券不正使用を追及した。浅野商工会議所会頭は「土井市長は自分の言うことを聞いてくれない」と見切りをつけて亀山氏応援に回った。

2009年（平成21年）4月19日、石巻市長選挙が行われた。亀山ひろし候補48、031票、土井きみお候補30、413票で、初出馬の亀山紘氏が当選、現職の土井喜美夫氏は17、618票の大差で敗れた。両候補は無所属で立候補した。

2期目は2013年（平成25年）年4月21日行われ4人が立候補した。亀山ひろし候補28、607票、阿部かずよし候補15、132票、青木まりえ候補8、308票、ふじたとしひこ候補2、015票。4候補とも無所属、多くの課題を抱えていたが、現職の亀山紘市長が再選した。

再開発マンション疑惑、何を「チェンジ」したのか

亀山市長初当選を支援した浅野会頭は震災発生後、市、市議会、商工会議所の三位

一体で復旧復興に取り組もうと音頭役。亀山市長再選後は、会頭と市長の「二人三脚」体制となって、中央1丁目14・15番地区市街地再開発事業を行い、7階建て79戸マンションの54戸を復興公営住宅として市が19億8、400万円で優先買い取ることが疑惑問題に発展した。2014年（平成26年）12月、市議会に19億8、400万円を提案したが質疑もなく承認された。翌年4月から黒須光男市議が市議会で問題を提起し、現在、仙台地検に対して追及する黒須光男市議と浅野亨再開発事業組合長の告発、告訴を行っているがどう展開されていくのか。（第3章に関連記事）

亀山市長の無責任な行政運営のせいか市役所内の綱紀が緩み、2015年（平成27年）には職員の飲酒運転事故で逮捕者が数人出た。同年12月28日夜、37歳の女性主任職員が飲酒運転で追突事故を起こしたため、亀山市長は29日、非常事態宣言して、飲酒運転には厳罰で対処することにした。さらに翌年1月8日まで「絶対に飲酒運転は行いません」という宣誓書を全職員に提出することを命令した。

職員同士の飲食を伴う会合を自粛することを指示したが、新年会、送別会などの会合が自粛されれば市内の飲食店が困る。浅野亨石巻商工会議所会頭はじめ業界の陳情で会合自粛は取り止めた。

浅野会頭が理事長の市街地再開発事業組合疑惑、がれき撤去処理詐取事件、さらに9月にオープンする予定の新市立病院をめぐって市議会議員から市長の責任を追及する文書も出ている。

大震災発生5周年の2016年3月11日、石巻市は発生時刻の午後2時46分に合わせて市内全域に防災無線サイレン放送を流すことにしていたが、サイレンは鳴らなかった。「職員の人為的ミス」として関係職員を処分したが、一体どうなっているのか。

亀山市長は次々起こる行政事件の責任はすべて幹部職員と担当職員を処分し、市長自ら責任を取ったのは「市営住宅使用料誤徴収」の1件だけ。


亀山市長を担ぎ出した地域活性化集団「チェンジ石巻」設立趣意書には「政争の町」と言われる石巻に新しい風を吹かせ、石巻を変えよう。政治は「政治のプロ」に任せてはいけない――とある。「情報公開日本一」をスローガンに掲げている。亀山候補を市長にして石巻をチェンジしようというわけだった。この時点では初当選2年後に東日本大震災という巨大地震が発生することは地震学者も予測できなかった。ただ、

郵便はがき

料金受取人払郵便

小石川局承認

5518

差出有効期間
平成30年9月
9日まで

112-8790

085

（受取人）
東京都文京区小石川3-1-7
エコービル

㈱展望社行

フリガナ		男・女
ご氏名		年齢　歳
ご住所	〒 ☎（　）	
ご職業	(1)会社員（事務系・技術系）　(2)サービス業　(3)商工業　(4)教職員　(5)公務員　(6)農林漁業　(7)自営業　(8)主婦　(9)学生（大学・高校・中学・専門校）　(10)その他　職種	
本書を何でお知りになりましたか	(1)新聞広告　(2)雑誌広告　(3)書評　(4)書店　(5)人にすすめられて　(6)その他（　）	

愛読者カード
「病める「海のまち」闇」

■お買い上げ日・書店

年　　月　　日　　　　市区町村　　　　　　　　書店

■ご購読の新聞・雑誌名

■本書をお読みになってのご感想をお知らせください

■今後どのような出版物をご希望ですか？ どんな著者のどんな本をお読みになりたいですか（著者・タイトル・内容）

1978年（昭和53年）6月12日の宮城県沖地震（マグネチュード7・5）クラスの大地震が高い確率で発生すると国の地震予知委員会は警告、宮城県、東北大学地震関連研究者が警戒してきた。震災後、巨額の復旧・復興資金が国から交付されるようになった。復興マネーに群がるように補助金狙いの事件が起こり、石巻商工会議所が窓口のグループ化補助金では全国で第1号の1億円を超す詐取事件が明るみに出た。

亀山市長は来年4月に2期目の任期が満了する。初出馬のときに公約した「新しい風」を吹かせたのか。公約に「情報公開日本一」も掲げている。現状は公約とはあまりにもかけ離れている。「影の市長」の浅野石巻商工会議所会頭は4期目の任期が今年11月。２０２０年東京オリンピックの聖火リレー出発点を石巻にすると言っているが、スポーツの世界はフェアプレーだ。相次ぐ復興マネー事件で「海のまち」は病んでいる。行政トップの亀山市長に病状回復の手法は期待できるのか。「チェンジ石巻」は漂流し、行き先は見えない。

亀山市長、6月市議会で無責任ぶり露呈
「報酬カットした」は勘違い？

２０１６年（平成28年）６月27日の定例市議会一般質問で高橋憲悦議員（ニュー石巻）は亀山市長のこれまでにおける無責任言動について追及した。「震災発生日に市長として陣頭に立って行動するべきだったのに、仙台市で講演があって戻ったというが、災害対策本部との連絡は取れず、石巻赤十字病院に2泊した。市長の責任はどうか」と質問した。亀山市長は「午後11時ころ日赤病院に着いた。菅原秀幸総務部長に無線電話で連絡した。病院には救援の自衛隊、ＤＭＡＴ（災害派遣医療チーム）もいたので泊まった」と答えた。災害対策本部には北村悦朗副市長はじめ幹部職員がいたが、市長からの連絡があったことは対策本部の記録には全く記載されていない。菅原総務部長は震災があった２０１１年（平成23年）３月末で定年退職することになっていたが、震災対応のため6月末で退職した。北村副市長退任後、２０１４年（同26年）４月に副市長に就任した。菅原副市長は「亀山市長と震災発生当日夜、無線電話で連絡した」と亀山市長の答弁を補足した。

連絡があったことが事実とすれば、上司の北村副市長に報告するのが当然のことではないか。北村副市長は連絡の報告は受けていない。市長からの連絡はなかったのである。

高橋議員は「２０１５年（同27年）の職員の飲酒運転続発問題で職員の懲戒解雇など個人の責任を厳しく問うている。不祥事で減給処分もあるが、行政トップの市長個人として責任はどうなのか」とただした。亀山市長は「私は職員の飲酒運転の件で市長報酬を減給した」と答えた。隣席の菅原副市長は亀山市長に減給はしていないと耳打ちした。同市長は「すみませんでした。減給はしていませんでした」と謝った。もしも勘違いだとしても、市議会で議員の質問に「減給した」と答弁することは一体何なのか。傍聴席から市長に対するヤジが飛んだ。丹野清議長は「静粛にしてください」と注意した。

亀山市長は市営住宅使用料誤徴収で２０１５年（同27年）10月から翌年３月までの６カ月間、給料の10パーセントを減額した。同市長の給料減額は２期８年の在任中、この１件だけだ。合併前の１９９８年（同10年）から２０１４年（同26年）まで16年間、市営住宅の入居者３６５世帯（現在は１３５世帯入居）から使用料を多く徴収し総額は8、750万円、その利息は4、480万円、併せて1億3、230万円を返金することが明らかになった。徴収システム変更で分かったという。1世帯当たり20万円以上になる。建築課が担当で返金は大変な事務量だ。亀山市長以前からの行政ミスだが、亀山市長以降こうしたズサンな不祥事が多発するようになった。

ところが、事務処理でとんでもない事件が起きた。2016年6月22日、石巻市は納入業者、建設業者、行政委員などへの各種支払いで305件1億2、603万円を二重払いする事務処理ミスがあったことを明らかにした。市の説明によると6月14日午前9時半ごろ、会計課の担当者が振り込みデータを77銀行に2回送信した。パソコンでのデータ送信後はプリンタに結果が印字されるが、プリンタの電源を入れ忘れて印字されなかったため、送信していないと勘違いして再送信した。

6月16日に二重払いに気付いた市民から銀行に照会があって判明した。二重払いの対象は個人31人と100社。市は77銀行を通じて返金を依頼した。二重払い防止のチェックは市側の責任だが、コンピューター・データ送信時代の昨今、ミス防止の課題は多い。亀山市長は頭の痛い不祥事をまた抱えてしまった。担当職員の処分は行われるだろうが、市長の報酬カットはあるのか。

第2章

石巻商工会議所会頭の浅野亨氏が1985年、
社長を務めた石巻テレビ。経営不振で2002年、
国が職権解散。株主に報告せず長年放置……

「石巻商工会議所会頭」の資格、責任はあるのか
11月が会頭4期目任期切れ。ポストは揺らいでいる

浅野亨氏は1941年（昭和16年）12月12日生まれ。74歳。石巻小、中学校を卒業して慶応高校、慶応義塾大学経済学部卒。石巻に戻り、青年会議所理事長など若手経済人として活躍。青木和夫石巻市長を応援する「7人グループ」の1人だった。石巻テレビ解散放置、「アサノマンション」疑惑などで批判されている。

宮城ヤンマー代表取締役社長で2004年（平成16年）11月、石巻商工会議所会頭に就任。任期3年で2013年（平成25年）11月、4期目に就任、今年11月が改選期。「アサノマンション」絡みや談合のうわさで退任してほしいという声があるが、本人は「来年秋に新商工会議所会館が開館するまでやる」と強気。しかも2020年の東京オリンピックの聖火リレーの出発点を石巻市にしようという誘致する会の会長。「来年4月の市長選は現職の亀山市長でよい」と取り巻き関係者に言っている。

そこが石巻経済界の病んでいる実態だ。

浅野氏の無責任ぶりを象徴するのが、社長となって創業した石巻有線テレビが国職権で解散させられたのに、解散総会も開催せず30年近く放置同然にしたことだ。元株主らに追及され、２０１３年（平成25年）12月になってから「津波で資料はすべて流失した。資本金は開局の費用にすべて使った」というお詫び状を関係者に郵送した。

浅野氏は会社法、商法に違反しており、その人物が東日本大震災最大被災地石巻市の商工会議所会頭として復旧復興のリーダー役だ。グループ化補助金詐取、震災がれき詐取など石巻では復興絡みのマネー事件が相次いでいる。

浅野氏が音頭役になって１９８３年（昭和58年）７月15日、公共の電波を使う有線ケーブルテレビ、石巻テレビ放送株式会社を設立した。額面10万円、株主50人、資本金５、０００万円。

市内に事務所を置き、有線テレビで石巻の活性化しようと宣伝、加入者募集などしたが、資金が不足し、５、０００万円増資を計画した。「国の関連金融機関の特別融資が内定」という増資計画書を作成し１９８５年（昭和60年）５月２日、資本金９、

510万円、株主71人（法人22人、個人49人）の石巻テレビを再登記した。1985年（昭和60年）2月6日付で郵政大臣から東北第1号の事業免許を受けたが、増資勧誘に利用した「特別融資」は実現せず、出資者から詐欺同然だという批判があった。

数千世帯加入を目指し1985年、住友電気工業（大阪）と総額13億円のケーブル設置工事契約を締結した。第1期1、500世帯に対して申し込み第1号は当時の平塚慎治郎石巻市長、200人ほどが申し込んだ。応募世帯があまりに少なかったため経営に行き詰まり、支援企業を探したが、地方の有線テレビ事業の見通しは暗く応援企業はなかった。ケーブル設置工事も着手しないまま見送り状態になった。

1989年（平成元年）6月30日、石巻文化センターで第6回株主総会を開催したのを最後に休眠状態になった。第6回総会に提出された貸借対照表によると、建設仮勘定に25、761、018円と記載されている。固定負債に役員借入金540万円がある。建設仮勘定の金額は有線ケーブル設置費だろうが、設置工事は全く行っていない。住友電工は休業状態になってから返金したはずだ。その金はどこへ行ったのか。ある株主に浅野社長は「住友電工に2千万円支払った」「役員借入金は自分が出した」と言っているが、事実を知っているのは浅野氏本人だけだ。

9、510万円の資本金はどこへ
解散総会の開催要請も無視
「開局費用にすべて使った」と、
2013年、〝お詫び状〟を関係者に郵送

その後、休眠会社同然となり、放送免許を出した東北総合通信局から免許返上の要請もあったが、放置したままだった。2002年（平成14年）12月4日付で石巻テレビは当時の法務大臣森山真弓氏が出した「登記後5年間休眠、実態のない会社は職権で解散させる」という通達によって解散登記させられた。

解散の事実は71人の株主のうち浅野社長と常務の鈴木康雄氏（元市議）以外だれも知らされていなかった。解散になっていたことを元株主が知ったのは2013年（平成25年）6月だった。元法人株主3人は「石巻テレビ解散の実態を明らかにする会」を結成して浅野氏に代表取締役社長が解散報告、解散総会を開かずにいるのは、会社法、商法に違反している。2004年（平成16年）11月から石巻商工会議所会頭に就任し

ているが、自分が作った会社が解散させられたことを隠しているのは、会議所会頭になる資格はない、という内容証明通知書付文書を送った。浅野亨氏代理人庄司捷彦弁護士から「3人は現在、株主でない」として返答を拒否した。2013年（平成25年）12月、浅野亨署名の「お詫び状」（50ページ）が株主関係者に郵送されたが、抗議した3人には「お詫び状」は届かなかった。

「お詫び状」には、資本金9、510万円の金額は記載されず「資本金は開局の費用にすべて使った。石巻テレビの資料はすべて大津波で流された。その都度、経過は報告した。出資者の皆様にお詫びします」とあるが、「無責任でいい加減な人物」というのが、浅野氏への評価だった。

浅野亨氏は平塚慎治郎市長退任後の1992年（平成4年）11月に行われた市長選挙に立候補したが、石巻青年会議所理事長後輩の菅原康平氏に敗れた。休眠会社の石巻テレビが敗因の1つだった。

浅野氏の父は福島県保原町（現在伊達市）出身。1928年（昭和3年）9月3日、石巻市本町で保原屋船具店を創業。戦後の1950年(昭和25年)3月、株式会社にした。

１９７６年（昭和51年）年6月、社名を宮城ヤンマーに変更、石巻ヤンマーも設立した。長男の亨氏が社長、石巻ヤンマーは弟の亨二《こうじ》氏を社長にした。ヤンマーの東北特約店だが、経営難に陥りヤンマー本社の支援を受け１９８７年（昭和62年）2月20日、両社を統合、資本金４、８７０万円の宮城ヤンマー代表取締役社長に亨二氏が就任、兄亨氏は代表権のない会長職となった。石巻テレビ経営が行き詰まっているころだった。

浅野亨会頭

亨二氏は土井喜美夫元市長の石巻高同期生。土井氏は２００３年（平成15年）１月26日に行われた市長選に立候補し支援した。亨氏も選対副本部長。土井氏が当選直後の２００３年３月、亨二氏が心筋梗塞で急死。兄の亨氏が代表取締役社長、石巻商工会議所常議員になった。実弟の急死で表舞台にカムバックした。２００４年（平成16年）11月、第8代石巻商工会議所会頭に就任した。

土井市長当選後、経済関係者ら15人の会を作って土井ブレーンの会長になったが、土井氏は内海英男代議士（元建設大臣など建設業界に強い）の秘書官で、浅野氏の利権屋的体質を避けるようになった。

そうしたことから浅野氏は2009年（平成21年）4月19日行われた市長選では亀山氏擁立を画策、18対15の野党派市議らの反土井グループと一緒になって亀山市長を実現させた。浅野会頭は亀山市長との連携が深くなり、石巻市政に関与するようになった。

亀山市長再選後は参謀役として「経済界の市長」
公金80％の「アサノマンション」疑惑にどう対応するのか

2011年（平成23年）3月11日、東日本大震災が発生。浅野会頭は市、市議会、商工会議所の三位一体で復旧復興を図ろうと呼び掛けた。20年前、市長選に敗れた浅野氏が「経済界の市長」の座に就いた。国の震災復興資金が入り、浅野氏の利権屋気質は高まった。

浅野氏をめぐる黒いうわさは数多い。土井市長時代の2004年（平成16年）日本下水道協会の排水門工事に目を付けて市釜排水門工事で本命企業を退けてKK石垣が受注。浅野氏が関与したと疑われ、石巻署が捜査したという。

亀山市長になってから平成24年、ヤンマーグリーンシステムが行った北上カントリーエレベーター建設（12億5、600万円）が公取委員談合と認定され、同社は違約金2億5、000万円を石巻市に納付した。震災で被災した石巻魚市場は鹿島建設が約200億円の国交付金で再建した。魚市場は公設民営で市が管理している。宮城ヤンマーは水産設備工事の名称で13億6、500万円で受注して下請けに丸投げ同然。1億8、000万円の魚体選別機も応札3社が途中辞退するなど浅野会頭はやりたい放題だ。

その典型が34億円の総事業費のうち80パーセントの公的資金28億円で建設中の中央1丁目14・15番地区市街地再開発事業の通称「アサノマンション」だ。

浅野会頭が理事長の中央市街地再開発事業組合の7階建てマンションは、市が79戸のうち54戸を復興公営住宅として19億8、400万円で優先買い取りしたのは、浅野会頭と亀山市長の密着ぶりを裏付けるものだとして、黒須光男市議が浅野組合長と地権者、コンサルタント会社を談合、詐欺容疑で仙台地検に告発した。

浅野組合理事長代理人の庄司捷彦、松浦健太郎弁護士は２０１６年4月6日、黒須議員を虚偽と名誉毀損容疑で仙台地検に告発した。記者会見した浅野事業組合理事長は「黒須市議が指摘する事実は全くない。司法の場ではっきりさせたい」と語った。

ところが市議会では浅野組合理事長のマンション建設疑惑は亀山市長、市当局、議員との間で質疑されているが、庄司捷彦、松浦健太郎両護士は組合の代理人となったので疑問点については当職に質問してほしいという文書を２０１６年3月11日付で29人の市議会議員全員に郵送した。市議会の2元代表制を無視するようなことがあっていいのか。質問状は庄司、松浦両弁護士に返却された。

震災最大の被災地石巻で演じられている行政トップ亀山市長、経済界トップの浅野商工会議所会頭の無責任とも見える言動は、今後の石巻再生へどうつながっていくのか。

「石巻テレビ解散の実態を明らかにする会」から平成26年4月18日、浅野亨氏に内容証明郵便物で送付した「通知書」を掲載する（54ページ）。

「石巻テレビ解散の実態を明らかにする会」について

浅野亨氏が社長となって１９８３年（昭和58年）７月15日設立した石巻テレビは、２００２年（平成14年）12月４日付で国の職権で実態のない休眠会社と見なされ解散させられた。元法人株主だった相澤雄一郎氏（元三陸河北新報社長）、青木和夫氏（元石巻市長）、個人株主の夫である内海源助氏（元石巻市議会議長）は２０１３年（平成25年）９月「石巻テレビ解散の実態を明らかにする会」を結成して、石巻商工会議所会頭の浅野氏が株主に解散報告せず解散総会を開催しないのは会社法等に違反しており経済界トップの会頭として不適格でないかと忠告した。９月３日、９月30日の2回、弁護士を代理人として通知書を内容証明郵便物で送付したが、浅野氏代理人弁護士から「３人は株主ではない」という理由で誠実な対応がなかった。平成25年12月、浅野亨氏署名の「お詫び状」が関係者に郵送されたが、無責任な内容であり、３人は平成26年４月18日、内容証明郵便物で責任追及の通知書を送付した。

経過が詳しく書かれているので、資料として掲載する。
弁護士氏名は省略する。
なお、「訴訟提起を準備しています」とあるが、提起は行っていない。
以下は関連資料。

※石巻テレビは仙台法務局石巻支局で平成14年12月3日付で解散登記されているが、株主総会開催、清算業務も行っていないので、通知人3人は同26年4月18日、同石巻支局長に対して「抹消登記」を行わないようにという上申書を提出した。
※「開局の費用にすべて使った。資料はすべて津波で流された」という「お詫び状」。資本金など金額は一切ない。
※平成元年6月30日の第6回株主総会以降総会は開催されなかった。第6期貸借対照表、資産の部の建設仮勘定　25、761、018円。これは住友電工に対するケーブル設置費など。敷設工事は行っていないので、ある程度の金額が返却されたとみられる。
負債の部の役員借入金　5、400、000円。浅野社長から借り入れたというが、返却金の1部か。

石巻テレビ放送株式会社　貸借対照表

平成1年3月31日現在

資産の部		負債の部	
科目	金額（円）	科目	金額（円）
【流動資産】	217,125	【流動負債】	1,173,011
		未払費用	650,000
現金及び預金	11.132	仮受金	373,011
		未払住民税	150,000
仮払税金	205,993		
		【固定負債】	5,400,000
【固定資産】	84,018,092	役員借入金	5,400,000
		負債合計	6,573,011
（有形固定資産）	25,761,018		
建設仮勘定	25,761,018	資本の部	
		【資本金】	95,100,000
（無形固定資産）	160,600		
		【欠損金】	17,437,794
電話加入権	160,600	当期未処理損失	17,437,794
		（うち当期損失）	301,982
（投資等）	58,096,474		
開業費	58,096,474		
		資本合計	77,662,206
資産合計	84,235,217	負債・資本合計	84,235,217

【浅野亭署名の「お詫び状」】

「石巻テレビ放送株式会社」に出資していただきました皆様方へ
大変遅くなった「お詫び」の報告です

有線放送事業を立ち上げ、石巻を活性化させようと皆様に声掛けして、出資をお願いしてから四半世紀も過ぎました。

有線放送の免許を取得するため、多くの人達の協力を得ながら活動しました。そして免許を取得し、開局に向かって社員を採用し、専門の教育もしました。事務所も構え、活気に溢れておりました。

しかし、大切な資金調達の面で計画が立たず行きづまり、結果として解散状態となってしまいました。

出資者の皆様方には、事業の経過について、その都度報告をしており、会社解放後も事情をご賢察下さり格別のお叱りを受けずに、時が過ぎておりました。この点については感謝申し上げます。

この度の3．11大津波で保管していました資料も流出してしまい、これを機会に「お詫び」の報告をと思った次第です。しかし、近時、関係者の方々から異なった意見が提起されていると聞き、本書面を送ります。

ここに改めて、皆様から出資・応援いただきました会社の解散時点におきましては、前述の様に出資いただいた資金は全て開局に向けての費用に使い、対外的な債権・債務は一切ない状態であった事、そして会社の目的を達成出来ず皆様方のご期待に応えられなかった事を心からお詫び申し上げ、改めての報告とさせていただきます。

末筆ながら、皆様方のご健勝とご活躍をご祈念申し上げます。

追、尚疑問のある方は当方までご一報下さい

平成25年12月

浅野　亨

石巻テレビ株主関係人からの「上申書」

石巻テレビ放送株式会社は平成14年12月3日付で仙台法務局石巻支部で法務大臣通達によって見なし解散登記されました。代表取締役社長・浅野亨氏は解散に関する株主総会開催招集を通知せず、清算業務も行っていません。

株主関係人の相澤雄一郎、青木和夫、内海源助の3人は、解散登記されてから11年後の平成25年6月27日、許可を行った東北総合通信局有線放送課を尋ねて解散登記されていたことを初めて知りました。株主たちも、この時点で解散になっていたことを初めて知りました。株主関係人は弁護士を代理人として、浅野亨氏に対して説明責任を果たすよう要請しましたが、拒否されました。平成25年12月、浅野氏は出資者および関係者に「お詫び文書」を郵送しました。内容は事実と異なり、9、510万円の出資金の使途も明確でありません。

株主関係人3人は、会社法に従って解散株主総会、清算業務を行ったうえで抹消登録することが代表取締役の業務であるとして、平成26年4月18日、浅野氏に「通知書」を送付しました。

石巻テレビ放送株式会社に関しては、代表取締役社長の浅野亨氏と株主、関係人の間で交渉中ですので、貴局におかれましては決着がつくまで「抹消登記」を行わないようお願いします。

平成26年4月18日

〒986―0861　石巻市蛇田字新大埣98―1

仙台法務局石巻支局長　加藤　恵盛殿

石巻テレビ放送株式会社株主関係人

相澤雄一郎、青木和夫、内海源助

相澤雄一郎は元三陸河北新報社代表取締役社長。
青木和夫は元石巻ガス代表取締役会長。
内海源助は元石巻市議会議長

「石巻テレビ解散の実態を明らかにする会」から浅野亨氏へ送付された「通知書」

相澤雄一郎、青木和夫、内海源助は石巻テレビ株主関係人

冠省　通知人相澤雄一郎、青木和夫及び内海源助の３人は石巻テレビ放送株式会社（以下、「石巻テレビ」といいます）の株主関係人です（以下、「通知人ら」といいます）。

相澤雄一郎は20株２００万円出資の法人株主・三陸河北新報社の元代表取締役社長です。青木和夫は10株１００万円出資の法人株主・石巻ガスの元代表取締役会長です。内海源助は10株１００万円出資の個人株主内海妙子の夫です。

浅野亨氏は資本金9、510万円の代表取締役社長

貴殿は１９８３年（昭和58年）７月15日、資本金5、０００万円（株主50人）で設立した石巻テレビの代表取締役社長です。増資を３回行い、１９８６年(昭和61年)５月２日、仙台法務局石巻支局に資本金９、５１０円（９５１株)、株主総数71人（法人株主22人、個人株主49人)、本社・石巻市千石町4番3号として登記しています。

石巻テレビは1985年(昭和60年)2月6日付で郵政大臣(現在、総務省)から東北地方第1号の有線テレビジョン放送施設設置認可を受けました。

東北地方第1号の有線テレビジョンとして認可。4年ほどで経営難に陥る

石巻市内に有料の有線テレビ放送を行って地域の活性化を図ろうという目的でしたが、視聴加入者は計画を大きく下回り、予定していた政府系金融機関からの融資も実現せず、設立4年ほどで経営難に陥ってしまいました。1985年(昭和60年)6月6日、住友電気工業(本社・大阪府)とケーブルテレビ設置工事請負契約を締結、旧北上川をはさむ6工区に約13億円の工事費をかける計画でした。計画書は作成されましたが、実際の工事は行われませんでした。1986年(昭和61年)3月31日現在の第3期貸借対照表によると建設仮勘定に25、761、018円が計上されています(建設仮勘定については通知書内の疑惑に関する質問で取り上げます)。

認可庁から計画の見直しなどの指導を受ける

東北地方第1号の有線テレビ局を認可した郵政省東北電気通信監理局(現在、総

務省東北総合通信局）は、貴殿に対して計画の見直し、認可取り下げなどの助言、指導を行ったとのことですが、石巻テレビは休眠会社のような形で存続してきました。出資者の間では代表取締役社長の貴殿の責任を問う声、批判もあったのですが、表面化しませんでした。

2002年12月3日、国職権で解散登記。株主に全く知らせず

ところが、2002年（平成14年）10月1日、法務大臣森山真弓氏は株式会社の休眠会社整理について「商法第406号ノ3第1項の届出に関する公告」で最後の登記後5年を経過している株式会社が営業を廃止しているのに、本日から2カ月以内に管轄の登記所になんらかの届出・登記をしていなければ解散したものと見なすという通達を出しました。

貴殿はこの通達は知っていたはずですが、なんら対応しないため、石巻テレビは同年12月3日、休眠会社と見なされ仙台法務局石巻支局で解散登記されました。

「解散」の事実は株主、多くの役員は知っていませんでしたが、総務省関係者から「石巻テレビはどうなっているのか」という問い合わせが、通知人相澤雄一郎にあり、2013年（平成25年）6月27日、東北総合通信局有線放送課に行って尋ねたとこ

ろ、11年前に国の職権で解散させられていたことが判明しました。同課では貴殿に解散日から2年以内に「解散に至る経過報告書」の提出を要請しましたが、放置されたままだと言っています。

7月1日、石巻商工会議所会頭室で貴殿に「私は解散登記時には20株200万円出資の法人株主である三陸河北新報社代表取締役社長であった。なぜ、解散を通知しなかったのか」と詰問しましたが、「昔のことであって鈴木康雄常務に聞いてみる」と責任を回避する態度でした。

相澤雄一郎は2009年（平成21年）9月8日、宮城ヤンマー本社で貴殿に会って石巻市釜排水ポンプ場の大型ポンプ導入に関する入札疑惑情報について聞きました。その際、石巻テレビ問題は早く解決したほうがよいとアドバイスしたが、7年前の2002年12月3日に「解散」させられていたことについては一切、発言しませんでした。

2004年11月、第8代石巻商工会議所会頭に就任

貴殿は2004年（平成16年）11月から菊田昭会頭の後任として第8代石巻商工会議所会頭に就任、2013年（同25年）11月に、4期目会頭に選任されまし

た。石巻ヤンマー株式会社の代表取締役社長です。石巻経済界代表の貴殿が、自分が率先して設立した株式会社の解散を株主に全く通知せず、隠ぺいすることは社会的、道義的責任を果たしていません。２０１１年（平成23年）３月11日、東日本大震災が発生、復旧・復興に向けて石巻商工会議所の役割は大きなものがあります。国から多額の震災復興・復旧資金が補助され、企業向けのグループ化補助金の受付窓口は商工会議所です。水産加工会社のグループ化補助金不正受給で宮城県から1億3，300万円の返還命令、石巻警察署へ告発など、石巻商工会議所に対する批判も出ています。当然、会頭の責任も問われています。

こうした時だからこそ、貴殿が代表取締役社長の石巻テレビを曖昧な形にしておくことは、石巻の将来にとってプラスにならないということから通知人３人は、２０１３年(平成25年)９月、「石巻テレビの解散の実態を明らかにする会」(以下、「実態を明らかにする会」といいます) を結成、実態の解明に乗り出すことにしました。

株式会社の解散は会社法では株主総会の承認が必要です。会社法３５５条には「取締役は、法令及び株主総会の決議を遵守し、忠実にその職務を行わなければならない」という「忠実義務」を求めています。貴殿は代表取締役として「忠実義務」に違反しています。解散すれば清算業務を行ったうえで抹消登記するのが会社経営の基本であります。そのような会社経営の根幹にかかわることを実行しない経営者は、石巻商工会議所会頭として適格なのでしょうか。少なくとも貴殿は石巻テレビ解散に至るまでの経過を説明する責任があります。

2013年9月3日、浅野亨氏に説明責任を問う通知書送付

通知人らは2013年（平成25年）9月3日付で貴殿に飯尾正彦弁護士（仙台市）を代理人として通知書を内容証明郵便物で送付しました。石巻テレビの代表取締役、代表清算人であり、善管注意義務（民法644条）と忠実義務（会社法355条）に違反しているので、会社運営に関して

①石巻テレビの活動の実態としていつ頃までは行っていたか
②平成元年6月30日の第6回株主総会以降、株主総会は開催されていないと思われるが、最後の株主総会開催はいつか
③清算手続きを速やかに行うこと。現時点での決算状況、残余財産の分配の可否について明らかにすること
④見なし解散の事実や事業継続のための株主総会総会決議の招集について株主に通知、連絡をしなかった理由を明らかにされたい

――という4項目の質問に応えるように要請しました。

通知人は株主関係人として不明確。

津波で全資料流出。応える必要はない――という回答

貴殿は庄司捷彦弁護士（石巻市）を代理人として9月12日付で回答書を飯尾弁護士宛に送付してきました。「相澤雄一郎氏が持参した株主名簿コピーは正確性に疑問がある。3人はこの株主名簿とどのような関係にあるか不明である。地位が明確でない以上、4項目の質問に応える必要はない。東日本大震災で全資料が流出したので資料に基づく回答は不可能です」という簡単、不誠実な回答でした。貴殿は石巻商工会議所会頭であり、1992年（平成4年）11月、石巻市長選に立候補したほか、長期間、経済活動をしてきています。あまりにも無責任、不誠実な回答で、9、510万円の出資金を集めた責任をどう感じているのか。石巻テレビに関する疑惑を隠ぺいしようとするものと判断しました。

無責任、不誠実な回答に再回答要求。3人は株主関係人として明確である

通知人らは9月30日付で株主関係人としての地位を明確に記載した通知書を送付

しました。

回答書には「株主名簿コピーの正確性に疑問がある」とあるが、代表取締役社長の貴殿が作成したものであって、何を言わんとしているのか理解できません。「津波で全資料を流出したので資料に基づく回答は不可能」としているが、他の役員も資料を持っていないのか。通知人らは株主に配布された各種資料を持っております。浅野氏には明らかに説明責任があり、9月3日付で送付した再通知書到着後2週間程度で4項目の質問に回答することを求めます。今後もこの「回答書」同様何らの説明責任が果たされない場合は、石巻テレビの法人株主、個人株主であった関係者に対し、質問事項の送付や「回答書」を含め、浅野氏に関する事実関係を説明する所存です──という「解散の実態を明らかにする会」の方針を通知しました。

(以下は3人の株主関係人の説明です。通知書に記載しました)

通知人相澤雄一郎について
株式会社三陸河北新報社の元代表取締役である。同社は昭和58年7月15日に石巻テレビに10株100万円を出資、同61年1月22日に10株100万円を増資しており、法人株主である。通知人相澤雄一郎は平成8年3月から同15年3月まで同社の代表取締役社長に就任していたが、見なし解散のあった同14年12月3日の時点で代表取締役であった者である。

同日時点において、浅野氏は石巻テレビ代表取締役であったが、見なし解散の事実を含め、何らかの報告を受けることはなかった。

通知人青木和夫について

石巻ガスの元代表取締役会長である。同社は昭和58年7月15日に5株50万円を出資、同61年1月22日に5株50万円を増資しており、法人株主である。通知人青木和夫は昭和59年11月まで石巻市長を3期12年間務めた後、同社の会長に就任、平成14年12月3日、石巻テレビの見なし解散時点では同社の代表取締役会長にあった者である。

浅野氏からは解散の事実を含め、何らの報告を受けることはなかった。

通知人内海源助について

石巻テレビの個人株主の内海妙子の夫である。内海妙子は昭和60年10月6日に石巻テレビに10株100万円を出資している。通知人内海源助は元石巻市議会議員で、平成16年1月から同16年4月まで石巻市議会議長を務めている。

通知人内海源助は妙子の代理人であるが、平成元年6月30日に開催された第6回株主総会以降、石巻テレビから招集通知を受けた事実はなく、平成14年12月3日以降も見なし解散の事実について、浅野氏から何らの通知、連絡を受けることはなかった。

株主関係人を否定し「何を問題にするのか」という無責任な質問状が届く

この通知書に対して貴殿の代理人・庄司捷彦弁護士から10月18日付で飯尾正彦弁護士宛に「質問状」が送付されました。相澤雄一郎、青木和夫は現在、法人株主の会社運営に発言を行う立場にないのではないか。内海源助は配偶者の相続人として委任されていると理解するが唯一の相続人か。説明を求める。加えて「平成14年見なし解散」に関して、今後、何を問題にし、どの問題の解決を求められるのか。明確にしてほしい——という簡単な内容でした。

貴殿は、通知人ら3人は「株主関係人ではない」という立場を取り、理由にもならない回答で石巻テレビの疑惑を隠ぺいしようという意図が明白です。解散時点で通知人らは明らかに株主関係人です。これを否定するわけですから、浅野亨氏代理人・庄司捷彦弁護士との書面のやり取りは、今後、何らの進展は期待できません。「解散の実態を明らかにする会」の要請に対して一切、応えない、という無責任な行動を示すもので、今後は代理人弁護士を介在せずに貴殿に対して法的措置を含めて各種方策を用いて説明責任を果たすように追及することにしました。

株主、関係人らに公開説明報告会開催。菊田前会頭が「きちんと説明させる」

２０１３年(平成25年)11月16日、「解散の実態を明らかにする会」は、石巻駅前の「ロマン回遊21」でテレビ石巻の株主、関係人に「経過説明報告会」を開催し、第３者にも公開しました。石巻テレビは公共の電波を使用する国の認可会社であり、市民を対象とする企業です。株主71人の中で他界した個人株主、法人株主で代表者が交代、さらに監査役３人全員は他界しており、36人に開催案内状をお送りしました。私ども３人を含め６人の株主関係人のほか、関心を持つ市民ら15人が出席しました。

株主の多くは解散の事実を初めて知り、貴殿の無責任な態度を批判していますが、歳月も経過しているので様子を見るというのが大勢のようでした。

通知人相澤雄一郎がこれまでの経過を説明しました。５株50万円を出資の個人株主である前石巻商工会議所会頭の菊田昭会議所顧問が出席しました。菊田氏は「私の会頭後任に浅野氏を推した。解散の経過をきちんと説明するように要請している。浅野氏は今年12月中までに明らかにすると言っている。震災復興という重大な時期であり、状況を考えてほしい」という発言がありました。これに対して通知人青木和夫は「双方は弁護士を代理人として折衝している。浅野氏代理人の庄司捷彦弁護士は、私ども3人は株主関係人として明確でないので応える必要はない。関係資料は津波で全て流出したという拒否回答である、説明するというならば代理人弁護士の書面を提出してほしい。株式会社の解散は株主総会を開催して決めるのが基本だ。なぜ開催しないのか。経済人として最も大事な心構えである。出資金は何に使ったのか。石巻がこんな状況だからというが、基本を直さないで、この石巻を良くしていくことができるのか。菊田さん責任を取れますか」と述べました。相澤雄一郎は「宮城県から水産加工会社のグループ化補助金不正受理が告発されたが、グループ化補助金の取扱い窓口は石巻商工会議所である。震災復興に関連させて石巻テレビの解散問題を曖昧なままにしておくことは、石巻のマイナスになる」と述べました。第3者からも同様の意見がありました。

浅野亨氏、2013年12月下旬、出資者及び関係者に「お詫び文書」郵送

2013年（平成25年）12月下旬、貴殿は「出資者及び関係者各位　石巻テレビ放送株式会社に出資いただきました皆様へ　大変遅くなったお詫びの報告です」という「浅野亨」の署名入り「お詫び文書」を郵送しました。私ども3人の「通知人」には送られてきませんでしたが、出資者から「お詫び文書」を入手しました。

通知人相澤雄一郎は昨年の２０１３年（平成25年）６月27日に東北総合通信局を訪ね、石巻テレビが２００２年（平成14年）12月３日付で休眠会社と見なされ国の職権で解散させられていたことを初めて知りました。しかも株主はこの解散を全く知らず、役員にも常勤常務取締役以外には貴殿から一切通知がありませんでした。代表取締役の貴殿は、放送認可した東北総合通信局から解散日より2年以内に「解散に至る経過報告書」を提出するように要請されています。なぜ、株主に報告しなかったのか。株主総会を開催して説明報告するのが代表取締役の義務です。この行為が会社法３５５条の忠実義務、民法６４４条の善管注意義務に違反しているとして、貴殿に説明責任を果たすよう弁護士を代理人として要請したのです。

「お詫び文書」はＡ４サイズ１枚のもので全文約７００字。通知人らが要請したことに全く応えていません。資本金の金額は書かれず、見なし解散の日時もありません。「事業の経過はその都度報告しており、会社解散後も事情をご賢察下さり、格別のお叱りも受けずに時が過ぎておりました。近時、関係者に方々《ほうぼう》から異なった意見が提起されていると聞き、本状を送ります」「津波で資料は流出した」「出資金は全て開局の費用に使い、対外的な債権・債務は一切ない」と書かれています。この１枚だけの「お詫び文書」で石巻テレビに関するいくつかの疑惑に応えることができるのでしょうか。１９８９年（平成元年）６月30日の第６回株主総会以降、株主総会は開催されていません。「その都度報告」は虚偽であり、「出資金は全て開局の費用に使った」というのは本当か。「出資金」とあるが９、５１０万円の金額は書いていない。貸借対照表にある１、０００万円を超す損失未処理金はどうなったのか。出資者のなかからは「説明できない理由があるのだ」という批判もあります。「対外的な債権・債務は一切ない」というが、通知人らが所有している決算書、貸借対照表をチェックするといくつかの疑義があります。

会社の解散は、人間に例えると死亡であり、石巻テレビは解散株主総会という葬儀を行っていません。解散すれば抹消登記をすることになるが、抹消登記は死亡届に相当します。「お詫び文書」だけで済ますというのでしょうか。貴殿は石巻商工会議所会頭という要職にあります。会社経営の基本を認識していないと言わざるを得ません。

「お詫び文書」は事実を説明していない。会社法の忠実義務に違反

通知人らは説明責任を果たすように要請してきましたが、「お詫び文書」を読んで貴殿に要請しても進展がないと判断しました。貴殿は石巻テレビの経営について

明らかにすることができない点がいくつかあって、休眠状態のままで存続させ、いずれ自然消滅のような形にしようとしていたのではないでしょうか。

通知人らは今年２０１６年（平成28年）２月28日、石巻記者室で石巻テレビの経過について説明しました。「お詫び文書」「経過報告書」などの資料を渡して、石巻経済界には多くの課題が横たわっていることも話しました。石巻商工会議所会頭である貴殿を石巻テレビの代表清算人から解任して新たに清算人を選任する訴訟提起も検討していることを伝えました。

石巻テレビに関して疑義がある点について具体的に質問しますので、回答を要請します。これまで同様、説明することはしないでしょうが、代表取締役、代表清算人の貴殿に質問したい内容を以下に列記します。

文書その他の方法で石巻市民に伝えて行きたいと考えていますことを通知します。

疑義のある4項目の質問に説明することを要請する

①平成元年6月30日に開催した第6回株主総会で配布した決算報告書の貸借対照表（平成元年3月31日現在）には建設仮勘定として２５、７６１、０１８円が計上されている。開業費５８、０９６、４７４円。当期未処理損失

17、437、794円。固定負債には「役員借入金」として5、400、000円が計上されている。「役員借入金」は貴殿から借り入れたのか。住友電気工業と1985年（昭和60年）6月30日、ケーブルテレビ設置工事請負契約書を締結している。第3期貸借対照表（昭和61年3月31日現在）にも建設仮勘定として第6期と同額の25、761、018円が計上されている。住友電工はケーブルテレビ設置計画書を作成したが、工事は全く行っていない。建設仮勘定には工事費も入っているのか。建設仮勘定の工事費分は戻っているというが、どうか。

② 1985年（昭和60年）7月22日付で貴殿は「第3者割当増資引受のお願い」の文書を出した。その要旨は「住友電気工業との工事契約も締結され工事着工の段階にあり、来年には本放送の予定です。工事資金は政府系金融機関からの地域振興資金の特別融資が内定しており、将来展望と財務体質強化のため資本金を現在の5、000万円から1億円に増資することにしました」と新株引受を要請した。そして1986年（昭和61年）5月2日、石巻テレビは株主総数71人（法人株主22人、個人株主49人）、資本金951株9、510円の会社として仙台法務局石巻支局に登記した。

ところが政府系金融機関（北海道東北開発公庫のことである）から内定したという融資は受けられなくなった。石巻テレビの経営見通しに不安を持ったからではないか。昭和60年度事業報告書によると同年度の受像契約者は予定対象エリア1、500世帯に対して僅か57人、加入申し込みは160人。昭和60年12月末にはケーブル工事はできず、加入者募集を取りやめた。会社は作り放送業務、宣伝活動などは行ったが融資ストップで放送用ケーブル工事はできなくなった。増資して1年もしないうちに内定したという融資がストップしたのはなぜか。「特別融資内定」というのは増資を獲得するための方便ではないか。経営見通しが甘かったのは否めない事実だ。増資引受者からは「ごまかされた。詐欺だ」という声も出た。この増資についても貴殿には説明責任がある。

③「昭和60年度以降事業収支計画」が株主総会で配布されています。10年計画で10年後には累計黒字額は約3億円を見込んでいる。加入世帯は9、000世帯としているが、昭和60年12月末で加入者募集を停止している。「津波で資料が流出して応えられない」というのだから、必要ならば資料は提供する。視聴加入者が計画を大きく下回れば経営難に陥るのは当然だろう。

④経営難に陥っていたのに、昭和61年度の事業計画が第3回株主総会で提示され

ている。「東北電気通信監理局と北海道東北開発公庫の指導のもとに資金の調達と資本の充実を図り早期開局を目指す」「街頭テレビの設置によるPR活動、加入者の促進のための営業活動を行う」とある。この時点で放送のためのケーブル工事は行っていなかった。第6回株主総会に出席した株主は「実態と違っている」と言っている。さらに議案書には第7期の取締役、監査役の報酬額を第6期と同額（取締役年額300万円以内、監査役年額50万円以内）にしてほしいと提案している。

石巻テレビ設立以来の経過、貴殿に対する「石巻テレビの実態を解明する会」の説明責任を要請する双方のやり取りの経過などを文書にしました。貴殿に何が問題になっているか理解してほしいと願ったからです。しかし、その要請は拒否されました。石巻市は東日本大震災発生以降、困難な状況にあります。貴殿は復旧、復興に向けて石巻市、石巻市議会、石巻商工会議所の「三位一体」で取り組もうと提唱しています。「三位一体」には信頼と責任が必要です。貴殿は代表取締役社長の石巻テレビの解散を隠ぺいし、責任を回避しようとしています。石巻商工会議所会頭という要職にある経済人として社会道義上、許容される行動でしょうか。

石巻経済界はこれまでの体質からの脱皮、変革を求められている時期と考えます。石巻テレビ解散問題を曖昧なままにしてしまうのは、変革のチャンスを逃すことになります。清算業務を行うことが疑惑解明につながります。会社の清算は会社法479条で株式総数の100分の3以上の申し立てでできます。「実態を明らかにする会」は、株式総数951株の石巻テレビの個人株主2人、法人株主1人の50株を原告として訴訟提起を準備しています。代表清算人は清算業務を行う義務がありますが、実行しない場合は解任して清算人選出をする訴訟提起も検討しています。

なお、通知人らは貴殿との間で話し合いの場を設定したいと存じています。

草々

平成26年4月18日

通知人　相澤雄一郎

同　青木　和夫

同　内海　源助

浅野　亨　殿

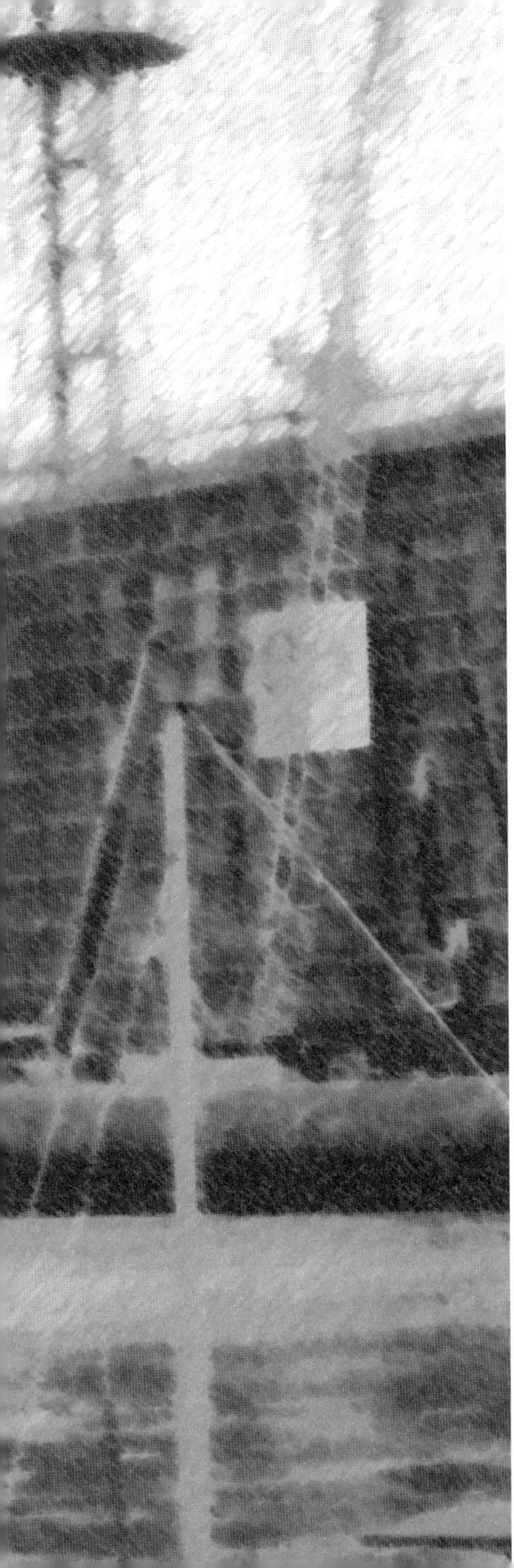

第3章

疑惑だらけの中央1丁目
14・15番地区市街地再開発事業

浅野会頭が組合理事長の7階建て79戸のマンション建設　総事業費34億円市が復興住宅54戸を20億円で優先買い取る

２０１６年（平成28年）２月５日号の「週刊金曜日」で石巻経済界のリーダーである浅野亨石巻商工会議所会頭と亀山紘市長が関与する中心市街地再開発マンション建設をめぐって、石巻市議会で談合などの疑惑を追及する事態が10カ月も続いていることが４ページ特集で報道された。

新聞メディアは復旧、復興などに関した報道は行っていたが、グループ化補助金、公共工事入札談合、不正疑惑などは小さく扱い、東日本大震災の最大の被災地石巻市で起きている中心市街地再開発事業、市立病院建設、復興公営住宅などに絡むいろいろな問題は避けているという批判があった。

ところが、「週刊金曜日」で「最大の被災地　石巻市で相次ぐ復興マネー事件」の見出しで実態が報じられると、市当局、商工会議所、市議会はじめ関係者に大きな衝撃が走った。
月刊誌「選択2月号」でも東日本大震災満5年の現状を「無駄だらけの東北復興土建事業」として報道、その中で「浅野石巻商工会議所会頭が理事長の事業組合マンション（7階建て79戸）は、約34億円の建設費のうち8割は公的資金。3分の2の54戸を石巻市が約20億円で買い取る。2階に高齢者支援施設の入居が決まり、浅野氏はその施設の社会福祉法人理事である」と書いた。

2016年3月、市議会一般質問で亀山市長は「週刊誌の記事はゴシップであり、市は中心市街地再開発事業を指導監督、きちんと仕事をしている。抗議などする気はない」と答弁した。3月議会終了前日の3月15日、市議会を軽視するような前代未聞の文書が明るみに出た。石巻市の庄司法律事務所・庄司捷彦、松浦健太郎両弁護士から3月11日付で29人の市議会議員全員に郵送された文書である。

3月15日、高橋憲悦議員（ニュー石巻所属。前土井喜美夫市長時代総務部次長。平成26年市議選で市職員を退職して立候補。4位当選）が、「この文書は議会で問題になっている中央1丁目14・15番地区市街地再開発の疑惑について当職らは組合の代理人です。疑惑は一切なく説明資料を準備したので、以後のご連絡は当職らにお願いします、と書かれている。市長はこの文書を知っているか」と追及した。市長は「復興事業部から知らされた。週刊金曜日の記事はゴシップであり、抗議などしない」と答弁。高橋議員はさらに「A氏（浅野会頭）は石巻有線テレビを1985年に設立。9，510万円の資本金（株主71人）を集め社長になったが、数年で経営難になり2002年（平成14年）に国職権で解散させられたことが書かれている。市長はこのことを知っているか」の質問に「知っている」と答弁。「代理人弁護士でなく理事長本人が説明すべきでないか」と締めた。高橋議員の質疑の中で亀山市長は「浅野会頭は2期目選挙の参謀」と発言している。

「ゴシップ記事だ」ということは根も葉もないことを言うのだが、4ページの中に国のグループ化補助金詐取第1号で宮城県から告訴された水産加工会社の記事も載っている。津波で被害を受け再建した工場の補助申請約11億円の1部に詐取金があったというものだが、県は昨年3月、告訴を取り下げた。支払い済み補助金約6億3，000万円は宙に浮いたまま。地元新聞は告訴取り下げ記事を週刊金曜日報道後に掲載した。石巻市が2013年（平成25年）にヤンマーグリーンシステムに

11億7、500万円で発注したカントリーエレベーター建設工事が公取委から談合と認定され、同社は2015年、違約金2億5、000万円を市に納付した。浅野会頭は宮城ヤンマー社長で談合に関与したと疑われた。庄司弁護士は長期間、浅野会頭の顧問を務め、石巻ケーブルテレビ解散問題でも顧問弁護士。

市議会で審議中の事案に対して「疑惑は一切ないので代理人の庄司、松浦両弁護士に連絡してほしい」というのは、2元代表制の市執行部、市議会議員の議会制度を無視するもので不当な干渉ではないか。

15日の一般質問を受け、翌日16日に市議会産業建設委員会を急きょ開催、復興事業部担当者が代理人弁護士の文書にある、

①復興公営住宅の価格が割高という疑問
②補償費の不正という疑問
③組合設立前の業務発注疑問
④高上りの各入札、随意契約業務の疑問
——の疑問4項目を説明したが、出席議員からは数字やデータが明確でなく分かり

にくいという批判が相次ぎ、亀山市長と浅野会頭の疑惑はますます深まってしまった。

黒須光男市議は２０１６年（平成28年）３月15日、仙台市の川原真也弁護士を代理人として中央１丁目14・15番地区市街地再開発事業について2件の告発状を仙台地検に提出した。１つは浅野亨理事長を背任容疑で告発。準備組合段階の２０１３年（平成25年）１月12日、株式会社都市デザイン（東京）と「再開発コンサルタント業務委託に関する覚書」（93ページ）を締結。随意契約であり、他業者の見積書を集め、発注する必要のない業務を行わせるなどして2、４００万円を都市デザイン（東京）に支払い組合に損害を与えた。２つ目は地権者の今出利男氏が浅野理事長と共謀、自宅が津波被害を受け動産がないのに動産移転補償金をだまし取った。平成26年12月18日に今出氏の預金口座に振り込んだが金額は明らかでないとしている。

石巻商工信用組合が２０１４年（平成26年）12月18日、浅野組合長名義口座から6人の組合員に97条補償金として5、１４７万9、６１８円を振り込んだが、市議会には個人情報なので氏名は出せないとして黒塗りの総合振り込み領収書を提出した（次ページ写真）。２０１５年7月、市議会で黒須議員は「動産もない組合員に支払っている。

架空ではないか」と追及したが、市復興事業部近江部長は「算出根拠があり架空ではない」と突っぱねた。その後、組合員今出利男氏の自宅に家財などがないのに補償金を支払っていたことが明らかになり、浅野理事長と今出氏が共謀して97条補償金をだまし取ったとして告発した。

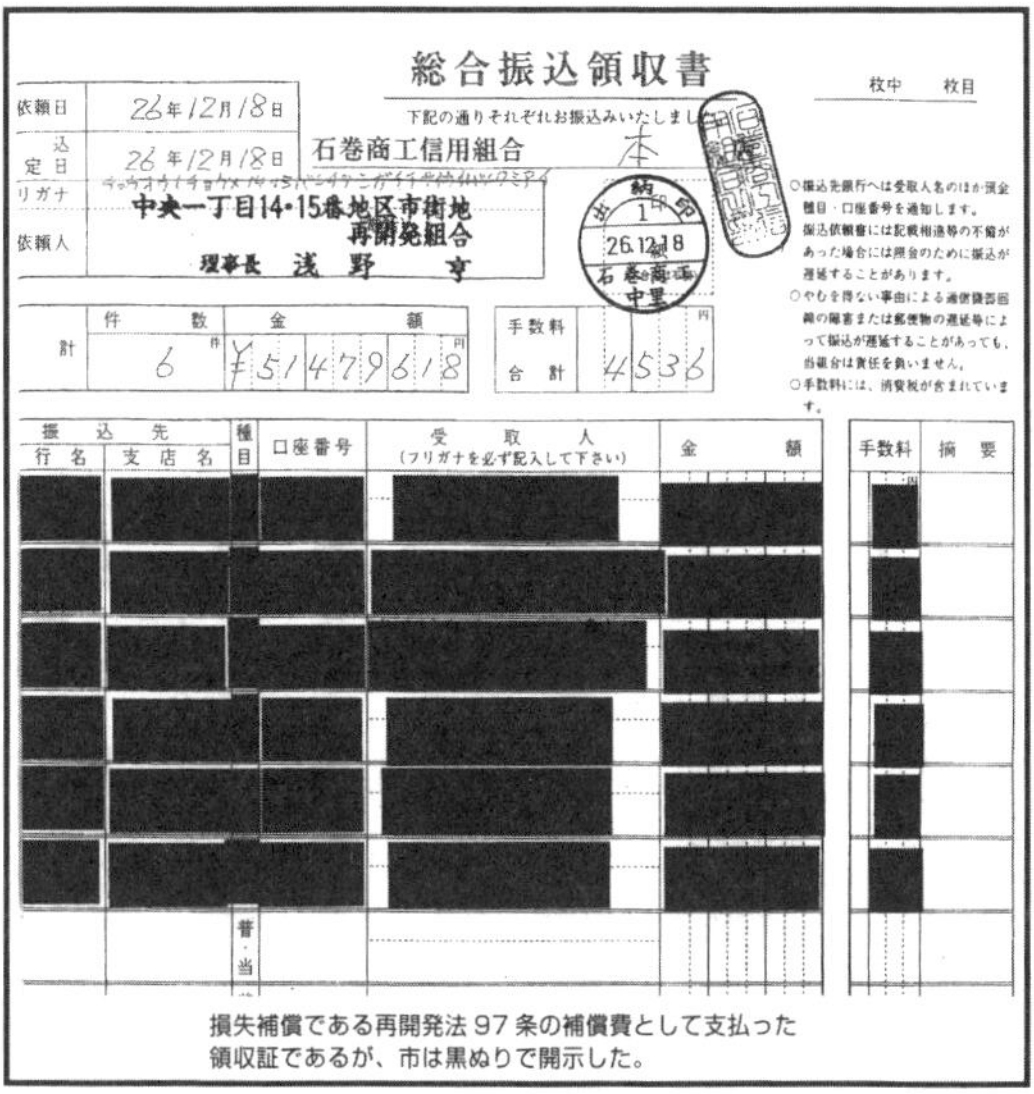

総合振込領収書

枚中　枚目

依頼日	26年12月18日
込定日	26年12月18日
依頼人	中央一丁目14・15番地区市街地再開発組合 理事長 浅野 亨

下記の通りそれぞれお振込みいたしました
石巻商工信用組合　本店

	件数	金額	手数料合計
計	6件	¥51479618円	4536円

○振込先銀行へは受取人名のほか預金種目・口座番号を通知します。振込依頼書には記載相違等の不備があった場合には照会のために振込が遅延することがあります。
○やむを得ない事由による通信機器回線の障害または郵便物の遅延等によって振込が遅延することがあっても、当組合は責任を負いません。
○手数料には、消費税が含まれています。

振込先 行名	支店名	種目	口座番号	受取人（フリガナを必ず記入して下さい）	金額	手数料	摘要
[redacted]	[redacted]	[redacted]	[redacted]	[redacted]	[redacted]	[redacted]	
[redacted]	[redacted]	[redacted]	[redacted]	[redacted]	[redacted]	[redacted]	
[redacted]	[redacted]	[redacted]	[redacted]	[redacted]	[redacted]	[redacted]	
[redacted]	[redacted]	[redacted]	[redacted]	[redacted]	[redacted]	[redacted]	
[redacted]	[redacted]	[redacted]	[redacted]	[redacted]	[redacted]	[redacted]	
[redacted]	[redacted]	[redacted]	[redacted]	[redacted]	[redacted]	[redacted]	
		普・当					

損失補償である再開発法97条の補償費として支払った領収証であるが、市は黒ぬりで開示した。

浅野組合長名義の黒塗りの領収書

公正取引委員会は2015年（平成27年）11月13日、事業組合とコンサルタント業務を契約している都市デザインと業務に関連した7社が談合、独禁法違反の行為があるという黒須市議の申立書を受理している。

庄司捷彦弁護士の弟慈明氏は市議で共産党所属。共産党市議は2人、亀山市長の与党派。以前3人いたが、三浦一敏県議（2期目）の後任として当選した市議は私的事情で辞任した。理由は女性スキャンダルだ。
　土井喜美夫前市長に対して、市議だった三浦県議はタクシー券不正使用を追及、亀山市長を応援、当選を実現させた。共産党会派は仙台市民オンブズマンと違って、中心市街地再開発事業疑惑問題には〝静観〟の構えだ。

　中心市街地再開発事業は被災した中心市街地を復興するために、地権者が事業組合を作って商業ビル、マンションの建設を計画し、事業費の40～50パーセントを被災自治体の復興交付金、国庫補助金を充てるという準公共事業である。
　浅野会頭は中心通りにある商工会議所ビル（3階）も被災したので、数十億円の高層ビル建設を地権者たちに呼び掛けたが、地権者、会議所常議員らの同意が得られず断念した。

　浅野会頭は宮城ヤンマー社長で旧北上川沿いに自宅とヤンマー本社の前身の保原屋船具店の土地を持っていたが、堤防を越えた数メートルの津波で建物は流出。付近一帯は堤防拡張で国交省に買収され、浅野会頭とヤンマー所有地は50・14坪残った。再開発事業用地には民間病院、商店、住宅などがあったが、19人の地権者に呼び掛け、組合設立の条件である0・5ヘクタール（1、500坪）を確保、石巻市中央1丁目14・15番地区中心市街地再開発事業組合を設立、浅野亭石巻商工会議所会頭は理事長（組合員19人）になった。浅野氏、ヤンマーの土地は全面積の3・3パーセント、評価額は約580万円。

旧北上川沿いにほぼ出来上がった「アサノマンション」。2階に高齢者支援施設デイケアセンターが入居する。

浅野会頭は震災直後、高台の日和山地区に土地を購入、自宅と長男宅（宮城ヤンマー専務）を新築した。「さすが、会頭はやることは早い」と言われたが、大震災でがれき処理、避難、仮設住宅などで苦労している市民にとって、浅野会頭が理事長の中央1丁目14・15番地区市街地再開発事業「本町《もとまち》マンション」の事業内容が知られるようになるにつれ、亀山市長の選挙参謀でブレーン役の浅野会頭が、市長と連携して建設する「アサノマンション」疑惑が持ち上がった。「錬金術だ」という批判も出た。

中央1丁目14・15番地区市街地再開発は総事業費33億9、500万円

7階建てマンション79戸のうち石巻市が復興公営住宅として19億8、400万円で優先買い取り、25戸は5億9、900万円で分譲する。2階は高齢者支援施設・社会福祉法人「花水木」がデイケアセンターを開設する。1階は事務所、離島巡航船事務所など。宮城県は2014年（平成26年）3月、事業認可をした。2014年12月、市議会は質疑も行わずに事業計画を承認、54戸の復興公営住宅19億8、400万円で優先買い取りが決まった。国補助金は再開発3億9、000万円、緊急促進6、800万円、花水木施設2億700万円の合計6億6、500万円。「花水木」は社会福祉法人一視同仁会（元河南町）が経営してきたが、理事長の遠藤早苗氏は以前、宮城ヤンマーに勤務していた。一視同仁会の前理事長は佐藤健夫氏（秋田県湯沢市在住）で2015年（平成27年）2月20日に任期途中で退任、常務理事で花水木施設長の遠藤氏が理事長に就

任した。浅野理事長は「花水木」の理事をしている。

市の19億8、400万円を加えると公費は26億4、900万円になる。総事業費の78パーセントが税金という公費だ。津波被災地の北上川沿いに高齢者支援施設を設置して大丈夫か、という関係者もいる。

分譲住宅25戸で6億円
国庫補助金加え80パーセントが公金

石巻市では2件の市街地再開発組合の事業が行われているが、国庫補助金は「石巻テラス」が48・12パーセント、「秋田家」は49パーセント。市買い取り復興公営住宅54戸は1LDK39戸、2LDK10戸、3LDK5戸。平均価格3、674万円。分譲住宅25戸は1LDK5戸、2LDK10戸、3LDK10戸。平均価格2、396万円。復興住宅は約1、300万円高い。

浅野理事長は「分譲住宅には2億9、300万円の国庫補助金があり1戸平均1、172万円の公的補助金がある。復興住宅とほぼ同じ」と週刊誌記者に説明したという。言い逃れに過ぎない。全体の施設建築物工事費27億4、300万円の補助金が2億9、300万円であるが、これは分譲住宅だけの補助金ではない。

「石巻テラス」は2LDK～4LDK77戸の分譲住宅事業費15億3、100万円で1戸1、990万円。国庫補助金11億1、500万円、1戸平均1、448万円。加えると約3、500万円になる。「石巻テラス」には市買い取りの復興住宅は1戸もなく、1LDKの部屋はない。

「アサノマンション」の市買い取り54戸のうち7割以上の39戸が1LDKで1部屋約50平方㍍。それが3、674万円。広さが全く異なり、「アサノマンション」は高過ぎるのである。

石巻市議会は市提案を質疑もなく承認

「秋田家」は市買い取り復興住宅が21戸あるが、すべて1LDKで買い取り価格は3億8、600万円。1戸1、838万円。分譲住宅は3LDKが中心で32戸、4億7、100万円。1戸1、471万円。53戸に6億1、000万円の国庫補助金が付いたので1

戸1、150万円の補助金がある。1LDKは2、988万円、3LDKは2、621万円。浅野理事長の週刊誌記者への説明はいい加減だ。だから疑惑が持ち上がったのだ。

「2人3脚」の亀山市長（中央）と浅野会頭（右）、左は安倍前市議会議長

「アサノマンション」の価格は1戸当たり1、000万円も高い。市が公営復興住宅54戸を19億8、000万円で優先買い取りしたが、1、000万円×54戸＝5億4、000万円が節減できるはずだ。これが復興交付金を使う正当な価格なのか。浅野亨理事長と都市デザインが準備組合の段階で締結した「再開発コンサルタント業務に関する覚書」（平成25年1月12日付）には「石巻市と緊密な連絡を取り業務を行うものとする」と書かれている。市担当部署はどのような指導・監督をしてきたのか。2014年（平成26年）12月議会で亀山市長は「アサノマ

ンション」の着工がまだ行われていない段階で19億8、400万円の復興住宅優先買い取りを提案、質疑もされず議決された。

他の復興公営住宅の買い取りについては、事前の計画段階から申請等を審査、建物が完成してからも検査を行い、その後に予算が計上されている。「アサノマンション」のケースは異例の決定だ。市執行部、市議会はこれでいいのか。

「アサノマンション疑惑」追及、黒須市議が口火

2015年（平成27年）4月市議会から黒須光男市議は「石巻市政の疑惑許さず」というタブロイド新聞を発行、「アサノマンション」に関する疑惑を取り上げるようになった。コンサルタントの都市デザインが作成した「事業計画作成費」1億2、100万円は同規模の「石巻テラス」の2、100万円に比べ5倍以上高い。

市執行部と質疑を繰り返す中で疑惑点が次々出てきた。経済界、市民から「本当はどうなのか」という声が出ているが、「黒須議員だけが騒いでいるだけだ」と冷ややかにいう市議会議員もいる。

黒須氏は石巻商業高卒、石巻市職員、青年団で活動をして1979年（昭和54年）、31歳で宮城県議に初当選、6期務め県議会副議長にもなった。自民党所属だが、浅野史郎知事のころは浅野知事を支援した。1997年（平成9年）、支援者グループの出資者らでFMラジオ石巻を設立。2001年（平成13年）1月、競争入札妨害に絡み県議を辞任したが、官製談合の闇を世に知らせる一端になった。2004年（平成16年）に石巻市議にトップ当選で鞍替え復活。無会派で「あばれんぼう」「一人だけで騒いでいる。広がりがない」と皮肉られているが、政治キャリアがあり、今度の浅野会頭、亀山市長の「アサノマンション」疑惑に火を付けたのは黒須議員だからできたのではないか。

疑惑追及の口火を切った黒須光男市議

石巻は「政争のまち」でもある。黒須氏は68歳。40年近く政治活動をしてきたが、「最大被災地で

復興交付金、国庫補助金を80パーセントも利用するアサノマンション疑惑は許せない」という。

浅野組合長と黒須市議が告訴・告発。決着に注目

浅野亭再開発事業組合理事長は、黒須市議の告発に対して２０１６年4月6日、庄司法律事務所の松浦健太郎弁護士を代理人として仙台地検に虚偽と名誉毀損で告訴した。石巻市役所で記者会見した浅野理事長は「黒須市議が指摘する事実は全くない。司法の場ではっきりさせたい」と語った。黒須市議は「どちらが正しいか白黒がはっきりつくので結構だ」と述べた。

中央1丁目14・15番地区市街地再開発事業「本町《もとまち》マンション」は石巻市議会の審議、市側の答弁など経過を追跡すると疑問点がいくつも出てくる。宮城県の事業認可を受けたが、平成26年12月18日に市議会に79戸のうち54戸を市が19億8、４００万円で優先買い取りすることを報告の形で提案、質疑もなく承認された。

総事業費は33億9、５００万円。建設工事費は27億4、３００万円で2億9、３００万円の国庫補助金が付いたが、これは復興住宅25戸分だけの補助だけではない。市街地

再開発事業は民間事業組合が自己資金、融資等で事業を行う方式。市が復興交付金19億8、400万円で優先買い取りしたので市の財産になる。国庫補助金と同じものだ。地元金融機関はそれを担保にして融資した。ここにも浅野会頭と亀山市長の連携が見えてくる。

浅野亨理事長は分譲住宅1戸、宮城ヤンマーは2戸を購入することにしている。理事長以外の事業組合役員はヤンマー役員の渡辺憲郎氏、2階に入居する高齢者支援施設「花水木」理事長の遠藤早苗氏ら5人。54戸の復興住宅には被災市民が入居、市が管理するだろうが、完成すれば事業組合は解散になる。約50坪、土地評価580万円の権利を持つ浅野理事長、宮城ヤンマー社長が、総事業費の78％《パーセント》の公金26億4、900万円を投じる「アサノマンション」の経営者になっていくのか。

2016年4月22日、再開発組合浅野理事長の代理人弁護士の松浦健太郎氏は最大会派ニュー石巻の要請で市議会議員に3月11日付で郵送した「市議会での質疑に関する説明資料」（95ページ）について送付理由を聞かれた。同会派は「2元代表制の市議会に対する介入であり、圧力のようなものだ」として返却することにした。他4会派も含め22議員が出席した。

週刊誌で疑惑報道された後、事業組合代理人弁護士２人が市議全員に「疑問は代理人が説明する」という文書を郵送したことは、市議会が亀山市政の監視役をきちんと果たしていないことにも起因するのではないか。

事業組合浅野理事長が４月６日、記者会見して「疑惑は一切ない」として黒須市議を仙台地検に虚偽、名誉毀損で告訴したが、浅野氏は石巻商工会議所会頭であり、11月に４期目の任期がくる。本人はまだやるつもりだが、会員からは退任してほしいという声が出ている。「病める経済界」の姿だ。

石巻商工会議所は現在の石巻市立町１丁目から国道３９８号と内海橋通りが交差する中央２丁目地区に新築移転することを２０１５年11月決めた。１９７０年完成の３階建て会館は津波で浸水した。１、７６０平方㍍の土地に鉄骨３階建、建設事業費約８億２、０００万円。国、県、市の補助金に自己資金、金融機関からの借入金を加えても約１億８、０００万円不足し、高額寄付、特別会費で賄う計画という。２０１７年９

月オープンの予定だが、浅野会頭が中央1丁目14・15番地区市街地再開発事業のマンション疑惑で告訴、告発問題を抱えているだけに、常議員、会員の中からは会頭職を続けるつもりか、寄付集めが大丈夫かという声が出ている。新商工会議所会館建設問題も難題の1つだ。

浅野会頭は30年以上前に社長として資本金９、５１０万円を71人の株主から集めて設立した石巻ケーブルテレビ会社の解散を解散総会も開催せず放置同然。批判を無視してさらに商工会議所会頭を続けようとするのは、石巻経済界の信用を阻害するだけである。しかも「アサノマンション」をめぐって仙台地検は告訴・告発内容を検討中だ。11月の任期で退任するべきだろう。

石巻市は「アサノマンション」に近い中央2丁目11番地区の「かわまち交流拠点整備事業」を行う計画で総事業費は復興交付金を含めて38億円を予定している。当初は56億円の計画だったが規模を縮小。区画整理で市が整備する1・4ヘクタールの用地に、民設民営方式の「生鮮マーケット」２０１７年5月にオープン予定。

株式会社「元気いしのまき」を昨年12月に設立、後藤宗徳石巻観光協会会長（石巻商工会議所副会頭）が代表取締役社長に就任した。木造1部2階建ての商業棟と管理棟を建設、商業棟の1階は地元産の野菜、鮮魚などを販売するマーケット、2階にレストランを運営する。年間購買客40万人が目標。生鮮マーケットは総事業費5億円。中心市街地のにぎわいの拠点にして石ノ森萬画館とも連携、100人万人の来客を目指すというが、出店者はいるのかどうか。48人の地権者との調整など課題があり、行政トップの亀山市長、経済界トップの浅野商工会議所会頭の「2人3脚体制」は今後、どのような展開をしていくのか。次にバトンタッチする展開もあるのか。

中央1丁目14・15番地区市街地再開発準備組合理事長 浅野亨と株式会社都市デザイン 代表取締役遠藤一郎が交わした「再開発コンサルタント業務委託に関する覚書」

平成25年1月12日

●**第1条** 準備組合（甲）が行う事業に都市デザイン（乙）がコンサルタントとして参加し、甲・乙協力して必要な業務を行うことを目的とする。

●**第2条** 甲は乙に次の業務を委託する。

①事業コーディネート業務

②組合設立までに必要となるコンサルタント業務

●**第3条** 省略

●**第4条** 本覚書の有効期間は平成25年1月12日から市街地再開発組合設立までとする。

●**第5条** **第6条** 省略

●**第7条** 甲・乙は相互の密な連絡を取るとともに、甲の指示のもとに指導機関である石巻市と緊密な連絡を取り業務を行うものとする。

●第8条　第9条　省略

組合側代理人弁護士は準備組合段階でのコンサルタント業務委託は都市再開発等の法令に基づいており違法でない、としている。問題は第7条にある指導機関である石巻市と緊密な連絡を取り業務を行うということが、疑惑点がなく実行されてきたかだ。97条補償金5、147万9、618円を2014年（平成26年）12月18日、石巻商工信用組合が浅野理事長名で6人の組合員に支払っていたことが平成27年6月市議会で明るみに出た。市は「6人の氏名は個人情報で出せない」としたが、黒須光男市議は「今出利男氏に補償対象となる動産がない、根拠となる写真もない」として平成28年3月15日、浅野理事長と今出氏を詐取容疑で仙台地検委に告発した。

石巻市の庄司捷彦、松浦健太郎弁護士が市議会議員に平成28年3月11日付で郵送した「市議会での質疑に関する説明資料」

当職らは中央1丁目14・15番地区市街地再開発組合（以下「当組合」）の代理人弁護士です。

平成27年度夏から当組合事業の正当性に関する様々な質問や指摘があり、その都度、石巻市担当者より回答されてきました。しかし、その後も質問、指摘が続き、さらには一部のマスコミや個人によって、当事業の正当性に疑義があるとも受け取れるような報道がなされております。

当職らは当事業は関係法令に則った正当なものであることをお伝えします。説明資料として「石巻市議会での質疑に関する説明資料」を準備しましたので、ご確認いただきたく存じます。

本件に関する一切は当職らが受注しておりますので、以後のご連絡は当職ら宛にお願いいたします。

【説明資料要旨】

準備組合を経て現在まで関係機関と協議を進め、宮城県から事業認可を受け、都市再開発法等に基づき進めています。旧組合員に対して個人名を明示して指弾するに至り、組合として看過できない状況になったので、質疑に関する回答を整理しました。

●質疑事項1　復興公営住宅の買い取り価格が割高であるという質問に関する回答

●質問事項2　補償費への不正に対する回答

●質問事項3　組合設立後でなければ業務発注ができないという指摘に対する回答

●質問事項4　高上がりの入札価格及び随意契約業務に関する疑問に対する回答

この「説明資料」は市議会の二元代表制を否定するような文書であり、最大会派の「ニュー石巻」は松浦弁護士を市議会に呼び、意図の説明を受けたあと、市議会での質疑を妨げるものだとして文書を返却した。

第4章

震災がれき撤去詐取事件

「奇跡の災害ボランティア会長」は仮面だった
震災の翌年4月、週刊誌報道で明るみに出る

東日本大震災被災地の中で最大の被害を受けた石巻市。中心街、商店街は津波で破壊され、家屋などのがれきで埋まった。全国各地からボランティアはじめ多数の支援者が駆け付けた。

元石巻青年会議所理事長で藤久《とうきゅう》建設の伊藤秀樹社長（1962年生まれ）は「石巻災害復興支援協議会」というNPO法人を発足させて会長になり、全国から集まったボランティアを組織して、石巻市から依頼を受ける形でがれき処理の先頭に立った。石巻専修大学グラウンドにテント張りの宿泊所を置くなど「奇跡のボランティア」と呼ばれ、全国的にも有名になった。市の災害対策連絡会議にも市職員並みに出席した。伊藤会長は亀山市長を支援している斎藤正美県議の親類。

日本財団の尾形理事長は石巻出身で同財団は2011年（平成23年）5月7日付で、伊藤会長の復興支援協議会にダンプ、特殊車両9台を無償貸与、人件費、ガソリン代

として2、860万円を援助した。同年4月から7月まで関東地方の建設会社がダンプ、作業車を持ち込みがれき撤去活動を行ったことがブログに載っていた。

がれきで埋まった石巻市街地

2012年（平成24年）4月5日発行の「週刊文春」でルポライター川村昌代さんが「石巻ボランティア会長　ガレキ処理補助金　チョロマカシ」の見出しで、公益財団法人日本財団から無償提供されたダンプ、特殊車両9台を伊藤社長は自社の車両としてがれき撤去運搬処理費用に計上、さらに支援ボランティアを自社が契約した作業員として石巻市災害廃棄物対策課に写真添付して申請、多額のがれき撤去費を受け取っていたことを報道した。撤去費用は全額国からの支援補助金であり、公金だ。

がれき撤去作業をめぐって不正行為があることは、地元関連業者の間でうわさになっていたが、週刊文春の報道で石巻市議会は4月17日、東日本大震災復興促進特別委員会を開催して亀山市長、関連担当部課長らに経過説明を求めた。5月14日にも第2回委員会を開き伊藤社長の詐欺横領行為、背景などを究明した。

伊藤社長は週刊文春の取材に対して、申請書に添付した現場写真は複数個所に使っていた、請求金額が違っていたことを認め、3月28日に市災害廃棄物対策課に「錯誤計上」を理由に4、660、237円を返納した。「誤請求でした」とあっさり認め、466万円を自主返納したのだが、担当課は調査を行わずに受け取った。

亀山市長の支援者、市災害対策連絡会議にフリー参加

処理業務が多忙だったようだが、亀山市長の支援者であり、市災害対策連絡会議に出席していた人物。しかも同課は平成23年度分の災害廃棄物処理業務として藤久建設に1億1、685万円を支払っていた。不正請求額は一体いくらだったのか。そのほか倒壊家屋・倒壊事務所解体撤去業務として2億1、128万円、合計3億2、813万円を支払っていたのだ。

さらに仮設風呂を随意契約で5、565万円、ボランティア調整管理業務費4、750万円を契約したが、実績がないとして約半額に減額された。市議会特別委の調査で伊藤社長の不正、不審行為が次々と明るみに出た。

1つはNPO法人の石巻災害復興支援協議会が震災2カ月後の2011年5月13日、「一般社団法人」として登記していた。「NGOピースボート」も震災1カ月後の4月19日に「一般社団法人」として登記、石巻市役所と共に支援物資の管理、配布活動を行うことにした。登記書にある目的、活動内容は双方ともそっくりだ。ピースボートは神戸淡路大震災など各地で支援活動をしてきたが、伊藤秀樹グループと連携する体制を作り上げたと言えよう。一般社団法人は非営利組織ではなく利益、人件費の支払いができる民間会社組織と同じで営利行為もできる。市外郭団体の石巻社会福祉協議会は、「一般社団法人」に変更されたことを知っていなかった。

伊藤会長が日本財団から無償提供されたダンプカーなど大型車両9台、人件費、ガソリン代2、860万円は「一般社団法人石巻災害復興支援協議会　伊藤秀樹会長」と「公益財団法人日本財団　笹川陽平会長」が2011年5月7日付で覚書を交わしている。週刊文春で報道された後、伊藤秀樹会長（２００２年石巻ＪＣ理事長）は辞任、大丸英則理事（２０１２年　ＪＣ理事長）が会長になった。事務局は石巻専修大学5号館内から旧市役所の明友館1階に移転した。

伊藤秀樹藤久建設社長が会長をしていた石巻災害復興支援協議会の活動ぶりは、週刊文春以外でのマスコミでも報道された。２０１１年（平成23年）5月23に号の「アエラ」では、武蔵大学の学生が被災地の石巻に来て取材、「奇跡のボランティア組織」として「伊藤さんはとても強く、熱い気持ちを持った人だということを感じた」と書いている。中原一歩氏著の「朝日新書」では「奇跡の災害ボランティア〝石巻モデル〟」のタイトルで取り上げているが、週刊文春の「チョロマカシ」とは異なる。『よくやっている」という内容だ。

震災発生1、2年目は市役所も人手が足りず混乱した対応もあった。ＪＣグループや市民の応援活動も必要だった。ＮＰＯ石巻災害復興支援協議会の伊藤会長は亀山市長を応援している斎藤正美県議の親類。石巻市災害対策連絡会議に出席するようになり、市議会議員から民間業者が連絡会議に参加するのはおかしいという批判が出た。藤久建設は建設協会に入っておらず、石巻市の指名業者でもない。従業員10人以下、年商

1億円程度の会社。その会社が平成23年度だけで市内の１００人規模の事業所に匹敵するがれき撤去、家屋撤去処理費を申請し約3億3、０００万円を受け取った。倒壊家屋・事業所等解体事業費2億１１、３０万円は市内で5番目の金額だ。日本財団の無償提供車両を藤久建設に管理、運用を任せるという覚書を利用して自社車両として石巻市に申請。作業員のほとんどがボランティアであることも明白となった。このため伊藤社長は会長・代表理事を辞任、大丸英則理事が会長・代表代行になった。高額な価格の提供車両には石巻災害復興支援協議会のステッカーが付けられ、がれきで埋まった市内をボランティアと共に動き回った。

ボランティアのがれき撤去作業

藤久建設申請書の添付写真の使い回しがあったことについて災害廃棄物対策課が調査した。使い回しとして

①業務報告書・添付・前写真枚数…１１３４枚

②使い回した写真…36枚
③報告書に使い回した写真…83枚
④日本財団借用車両・写真枚数…20枚
⑤財団借用車両・請求書添付枚数…6枚
⑥使い回した写真のうち財団以外の車両枚数…16枚
⑦この写真を報告書に添付した枚数…37枚

で合計1332枚。

生活環境部は①の1134枚の写真のバックデータ提出を藤久建設に要求したところ、提供されたのは1137枚。そのうち1134枚と日付が一致したのが109枚、不一致が28枚、データなしが997枚だった。請求添付写真の90%が出所不明の写真だった。この事実だけでも詐取したことが明らかだ。ただ、こうした写真の使い回しが藤久建設1社、伊藤社長1人だけでできるのか。捜査当局は協力者がいるとみている。

市議会は100条委員会で事実調査、石巻署に告発

市議会は調査特別委員会（100条委員会）を作って事実調査を行ったが、伊藤社長は証言、帳簿の提出を拒否したため石巻署に2012年（平成24年）9月、自治法違反容疑で告発した。亀山市長は同年5月、市議会特別委で「顧問弁護士に相談したが現段階では、告発する状態でないと」として消極的だった。北村悦朗副市長は市議会での質問に「告発すべきものと思う」と答弁した。これが亀山市長と北村副市長の冷却関係の原因になった。

伊藤社長は仙台市の官澤弁護士事務所を代理人として「文書提出の義務がない」との確認請求訴訟を仙台地裁に提起したが、第1審、第2審が敗訴、2013年（平成25年）11月、上告を断念した。この訴訟によってがれき詐取問題は1年間停滞した。

建設会社は自己破産、3億円超す公金の行方は不明状態
仙台地検は公金詐取額5、752万円を起訴

亀山市長は2013年（平成25年）4月21日の市長選挙で再選された。

新市議会でがれき処理不正請求問題が再燃された。黒須光男市議らが藤久建設に支払った3億円を超す請求額は架空であり、従業員10人以下の会社ができるものではない、ということが、市側の答弁で明らかになった。確実な証拠がないなどの理由で曖昧な態度を取ってきた亀山市長は石巻署から詐取容疑が明らかになったと通告され、2014年（平成26年）10月、公金詐取容疑で石巻署に告発。同署は11月7日、伊藤秀樹を震災直後から2011年8月30日までボランティア団体が実施したがれき処理費を水増しして1億1、480万7、000円を詐取したとして詐欺罪で逮捕した。仙台地検は2014年12月、約半分の5、752万円の公金を詐取したと認定、起訴した。伊藤被告は勾留された状態。亀山市長は昨年4月の特別委で「チェックが甘かった」と陳謝した。平成27年9月、仙台地裁石巻支部は藤久建設の自己破産手続き開始を決

定した。

　石巻市は藤久建設の破産管財人に対して5、752万円の損害賠償請求をしているが、回収できるはずはない。亀山市長はがれき詐取が発覚してから支援者の伊藤秀樹をかばい続け、3億円を超す公金がチョロマカシされたのである。この金がどのようなルートで流れていったのか。ここにも病める「海のまち」が見えてくる。

石巻専修大学運動場にボランティアの宿泊テントが置かれた

　捜査当局は藤久建設所有の壊されていたパソコンを入手、復元起動したという。ボランティアの名前が出ている。伊藤社長は詐取容疑で起訴されたが、裁判は始まっておらず、3億円を超す「チョロマカシ」された公金の行方は不明のままだ。

公益財団法人日本財団会長　笹川陽平（以下「甲」）と一般社団法人石巻災害復興支援協議会会長　伊藤秀樹（以下「乙」）が締結した自動車使用貸借の覚書 ——平成23年5月7日に締結

貸借自動車：ダンプ6台、バン1台、トラック1台、ウインチ付きトラック1台計9台。

オペレーター人件費1、800万円、ガソリン代860万円、整備費等200万円　合計2、860万円。貸与期間6カ月。

自動車の使用、保管は「乙」が善良な管理者の注意を持って行う。ただし、別途発注する者に委託することができる。禁止行為として「甲」の事前承認なくして転貸できない。

責任者・伊藤秀樹の住所は石巻専修大学第5号館1F。災害復興支援協議会事務協の所在地。

がれき撤去詐取事件が発覚後、旧市役所内に移転。

第5章

津波で廃院の市立病院
石巻駅前に9月オープンへ

１９９８年、菅原市長時代に初めて市立病院建設
累積赤字62億円

石巻市立病院は１９９８年（平成10年）１月７日、総工事費１１２億円を投じてオープンした。太平洋を望む雲雀野海岸と北上川河口に近い南浜町地区。７階建ての病院の手前には６００人のホール、展示室など、ヨットを形どった石巻文化センターができており、日和山から眺める２つの白い建物は青い海にマッチした美しいロケーションだった。

津波がきたら大丈夫だろうかと心配する声はあったが、音楽演奏、講演会もできる文化施設もあって文化と健康の中心地区になった。

文化センターは石巻広域地域の施設で国補助金がある。24億円の工事費で１９８５年（昭和60年）春にオープンした。平塚慎治郎市長のころだった。市立病院は市の財政で運営するのが基本だ。石巻は開業医が多い街で、湊地区には石巻日赤病院があり医療関係施設は一応整っていた。

市立病院は総合病院だが日赤病院に比べると中規模。菅原康平市長の時代に計画、完成した。経営状況は苦しく年間10億円を一般会計から補てんしてきたが、津波で廃院になるまで累積赤字は62億円に達していた。

太平洋に面して1998年にオープンした市立病院は１階が水没。孤立状態になった。

地震、津波で１階が浸水、周囲は水で囲まれた。１５０人の入院患者がおり、上階へ医師、看護師、職員で避難させた。震災時、手術室で胃の全摘手術を行っていたが停電。内山哲之外科部長が懐中電灯を頼りに執刀したという。水没している売店から缶詰など調達したが、被災１日目で水、食べ物がなくなった。内山部長は石巻市役所へ行き救援を要請したが、入院患者の移送をできる体制はない。スタッフは病院屋上で「ＳＯＳ」の文字を書いたが、上空を飛ぶヘリコプターもどうなるものでもない。重症患者をドクターヘリで運ぶＤＭＡＴ（災害派遣医療チーム）という組織があるが、すぐ使えるような体制はない。110キロ離れた福島県立医大のDMATチームが石巻市立病院の状況を知り、千葉、静岡、山口、福岡などのDMATグループに呼び掛けて震災4日目の14日早朝、福島医大にヘリコプター数機が集結。7階建て市立病院屋上から患者を乗せ、自衛隊がキャンプ設営している4キロ先の石巻総合運動公園へピストン輸送した。自衛隊ヘリや救急車で安全な病院へ運んでもらったが、患者たちの体に医師が手書きした診療履歴がくくり付けられていた。帰路は食糧、水を積み30～40回往復、120人ほど運んだが日が暮れたため民間ヘリは飛べない。翌15日、自衛隊ヘリで最後の患者を病院スタッフと共に見送ったあと、医師、看護師たち約200人も病院を後にした。この津波で亡くなった方もいた。

津波被災が心配された石巻市立病院は建設工事費112億円が消えた形になったが、地域医療には貢献してきた。旧雄勝町にあった海の見える市立雄勝病院は高さ15メートルの津波で3階すべてが飲み込まれ、医師、入院患者64人が亡くなった。生存者はわずか6人だけだった。

建設費めぐり市と市議会の論議続く。ここにも「疑惑」

石巻市立病院は再建することにして、新しい場所の選定を検討した。被災地の中心部はがれきで埋まり、市役所庁舎と仙石線石巻駅前の駐車場、市民公園のある市有地に再建することを亀山市長は提案した。しかし、この場所は狭い国道に接し、仙石線・石巻線の踏切があり、しかも一方通行が多い地域であることから病院オープン後は通院患者、救急車の乗り入れなどで付近の道路も含め大渋滞することが必至の状態だった。これまでも朝夕の渋滞は慢性化しており、市議会議員、市民の反対も多く、何らかの対策を講じることが新病院建設の条件になった。亀山市長は仙石線をまたぐ跨線橋道路を作り、救急車乗り入れ対策も行い踏切の拡張などを行うことを提案した。

市議会は駅前の建設には反対者が多かったが、亀山市長が市立病院に直結する跨線橋をかけると約束するような発言を行い、市議会は駅前市有地に建設することを了承した。その後、亀山市長は跨線橋建設についてＪＲの同意を得ることができなかったとして建設計画を取り下げた。担当者にＪＲとの協議を指示したそうだが、自らはＪ

Rに対し陳情、要望はしていなかった。

実はJRには鉄道に跨線橋をかける場合は、専門の工事設計者が必要で、設計者が少ないため仙石線の跨線橋にまで手が回らないはずだ。亀山市長はきちんと交渉をしていないうえ、最初から跨線橋プランは無理だったと大手ゼネコン関係者が石巻市の対応を分析していた。

137億円の建設費を議決 落札額118億1、000万円

石巻市議会は2014年（平成26年）7月4日、市立病院再建予算案137億円を可決した。70億円は県の地域医療再生基金から補助金が交付されるが、不足額は国などの支援を求める。市は当初、再建額を70億円（平成23年10月時点）と算定していたが、資材費、人件費高騰などがあって2倍近くになった。市議会では国の支援が受けられない場合は規模縮小を検討するという付帯条件を議決している。

新病院は7階建て、延べ面積2万4千平方メートル、病床は180床。

２０１４年（平成24年）８月27日に入札を行い、竹中工務店東北支店、橋本店石巻営業所、遠藤興業（石巻市）の共同企業体（ＪＶ）が事前に公表していた予定価格の１０９億３、９７０万円で落札した。税込みで１１８億１０００万円。市は２０１２年８月から予定価格を公表しているが、落札企業が２年間も決まらずにいたのは、仙石線の跨線橋が確定しないなど議会と執行部との食い違いが、延びてしまった原因だ。

９月１日に市立病院はオープンするが、今度は建設予算１３７億円と落札価格１１８億１、０００万円の差額18億９、０００万円が６月市議会で質問されるようになった。市側は他の工事計画、資材高騰があるので必要な費用である。きちんと内容を説明して議会の承認を受けると言ってきた。

市役所庁舎そばに建設した７階建て新病院は９月にオープン。
電波障害対策費の怪、道路が狭く交通渋滞が心配される。

差額の18億9、000万円は何に使うのか……
その中に電波障害対策費1億5千万円があった
実際の工事費はわずか102万円

ところが14・15番地区市街地再開発事業の疑惑を追及している黒須光男市議は、平成27年12月市議会で「落札額である実施計画を18億9、000万円も上回る予算で、国や県に要求することは地方財政法に抵触する」と批判、「そのなかにある市立病院の近隣電波障害対策費1億5、000万円は何か。10月に16社が入札、東北テレビ工事株式会社が102万円で落札したという情報がある」と質問した。久米設計が市立病院の設計を担当しているが、電波障害対策費は150件、1件当たり100万円、1億5、000万円の予算を組んだようだ。7階の市立病院の高さは41・3メートル、6階の市役所本庁舎の33・5メートルより約8メートル高い。

建設部は「現在、電波障害を精査している」と曖昧な答弁を続けた。黒須議員は周辺家屋を調査、日本CTV技術協会東北支部事務局長に聞いたところ「調査は2、

30万円で行える。電波障害はあまりないと思う」と答えたという。

2016年3月議会で黒須議員は「電波障害対策費1億5、000万円について調査中との答弁が繰り替えされてきたが、すでに102万円で工事は発注されている。うその説明を謝罪し、全額減額補正すべき」と追及した。大澤建設部長は「すでに102万円で発注していた。説明不足ですみませんでした。残分は早急に減額する」と答弁した。本当に減額措置を行うのか。

黒須議員は以前から電波障害について質問している。1億5、000万円の予算が102万円で済んだのである。執行部は半年間もこの事実を隠してきたのはなぜか。1億5、000万円の公費を使い回ししようとしていたのか。疑惑どころではない。いい加減でずさんな計画ではないか。黒須市議は、土井元建設部長が建設費137億円のうち15億円は水増しされていると内部告発したと言っている。亀山市長の責任もあるが、市役所執行部内部はどうなっているのか。同時に市議会のチェック機能も果たしていない。市民の中からも石巻市の行政はどうなっているのかという疑問、批判の声が出ている。

新しい市立病院は9月1日にオープンする。先行きの経営難は予想されており、交通渋滞、人口減少などの難題は続くだろう。

第6章

大川小児童74人の犠牲は「人災」だ

23児童の遺族は23億円の国家賠償請求訴訟。10月26日に判決

東日本大震災はマグニチュード9・0というわが国最大の巨大地震、世界でも4番目の大きさ。宮城、岩手、福島3県を中心に死者15、827人、行方不明2、557人を出すなど大惨状をもたらした。そのなかで宮城県石巻市大川小学校が108人の児童のうち74人(行方不明4人)、教師10人(不明1人)が犠牲になった惨事は、被害者があまりにも多いことから全国的に知られるようになった。しかも、どうして大川小だけに多くの犠牲者が出たのか、義務教育の学校管理下で人災でないかという声がわき起こった。23人の命を津波で奪われた19遺族は「本当のことを知りたい」と2014年3月10日、宮城県、石巻市を相手取って23億円の国家賠償請求訴訟を仙台地裁に提訴した。高宮健二裁判長のもとで現場検証、証人尋問、進行協議など20回審議されてきたが、6月29日に結審。判決は10月26日に下される。

文科省、県教委の事故検証委は「なぜ」を避けた

惨事が起きてから新聞、テレビ、週刊誌、月刊誌などで報道されたが、安全であるはずの義務教育の小学校で、どうしてこんな惨事が起きてしまったのか。唯一生き残った遠藤純二教務主任は石巻市が仙台地裁に提出した診断書の「心的外傷後ストレス障害（ＰＴＳＤ）」で出廷できないという理由で証人尋問申請は２０１６年４月21日、却下された。

宮城県内で地震発生時から津波襲来まで学校内（学校管理下）にいて死亡、行方不明になった小学生は１８６人、中学生は75人。小学生に限定すれば大川小１校だけで40％《パーセント》を占める。教職員は９校で18人、大川小は10人だ。

石巻市、市教委は文科省、県教委の指導を受けて２０１２年12月、「大川小学校事故検証委員会」を設置、翌年２月７日の第１回検証委員会から学者、防災研究者らが１年間、調査・検討を行い報告書を提出したが、なぜ大川小だけに大惨事が起きたのか、という結論を出せずに終わった。

校長は片道80キロ往復4時間、マイカー通勤
危機管理能力ゼロ　いい加減な避難訓練

しかし、柏葉照幸校長の経歴、行動を追跡すると危機管理能力ゼロ同然の教員を校長職に任命した県教育委員会の人事発令が、惨事を引き起こした主要原因であることが明白になってくる。

2016年4月8日、仙台地裁で柏葉元校長（62）が初めて証人尋問された。震災発生後5年以上過ぎたが、遺族側の吉岡和弘弁護士の尋問に対して「津波が大川小に来るとは思っていなかった。山に避難する訓練はしていない」という無責任な答弁。身長158センチの小太りの柏葉証人は、74人の児童が津波で犠牲になったことは過去の出来事のよう。校長人事は県教委が決めて発令することが基本である。市町村教委の意向、人事慣例などは採り入れる。片道80キロの自宅から往復4時間かけて通勤し、校長としての管理責任を果たさず、74人の児童が犠牲になったのである。このような教員をなぜ大川小校長にしたのか。明らかに「人災」だ。

大川小は太平洋海岸から約4キロ、北上川から約２００メートル、並行して流れる富士川から60メートル、標高1〜1・5メートルの場所にあった。北上川に背を向けた曲面スタイルの鉄筋

北上川近くにあった大川小校舎。曲線の2階建て。校庭に40分も避難。

コンクリート2階建て、屋根の高さ10メートルで屋上はない。１９８５年（昭和60年）3月に完成した当時としてはモダンな校舎だった。校舎入口側の校庭前面には杉林、松など雑木の山があるが、児童たちは震災1年前まで校庭近くの高台でシイタケ栽培するなどしてきた。柏葉校長が赴任した２００９年4月から中止した。

２０１１年3月11日午後2時46分、マグニチュード9・0の巨大地震発生。教師、児童は全員校庭に避難した。大川小のある釜谷地区は約５００人の住民がいるが、校庭に多くが

逃げてきた。雪が降り出し寒いので体育館に入ろうとする住民もいたが、余震が続き津波警報もラジオなどで伝えられた。校庭で焚き火の準備をしたり、車で迎えに来る父兄もいた。

校舎裏の県道には児童送迎バス1台（55人乗り）が待機していた。市役所河北総合支所から広報車3台が出動し、市民に津波避難を呼び掛け、大川小前でも「すぐ近くに津波が来た」とマイクで伝えた。1台が津波にのみ込まれ、職員1人が亡くなった。約40分間、校庭に避難していた78人の児童と11人の教師は２００メートル離れた北上川から越流した津波が流れ始めたときに、校庭から約３００メートルの北上川大橋たもとの3角地帯高台に向けて逃げたが10メートルの津波に飲み込まれた。送迎バスの運転手も亡くなった。バスですぐ近くの釜谷トンネル方面へなぜ避難しなかったのか。

児童3人と遠藤純二教務主任が校庭前の山に駆け上がり、もう1人も助かった。74人の児童と10人の教師が命を失った。教師の7人は大川小に勤務して1～2年目で教頭、上司の指示に従ったのだろう。

柏葉照幸校長はこの日午後から、80キロ離れた大崎市鳴子川渡の自宅に中学生の長女の卒業式に出席するという理由で早退、不在だった。長女は不登校生徒で午後に父親が同行して卒業証書を受け取ったという。12年間に5回も教頭職を転々。最初は児童数93人、次が143人、330人の大規模校へ昇格、67人の小規模校、28人の小規模校に左遷。2009年（平成21年）4月、大崎教育事務所管内から石巻教育事務所管内の生徒数111人の大川小校長に昇任した。大川小は準辺地校だ。防災訓練は教頭らに任せ、校長2年目からは80キロ離れた自宅から片道2時間もかけて通勤した。1年目は石巻市内に借りたアパートから通ったという。県教委は「校長は近くにいることが望ましい」と言うが、柏葉校長の遠距離通勤については「教頭と連絡する体制であればよい」と曖昧な態度を取り続けた。

大川小の北上川沿いには6小、中学校があるが、津波の犠牲者は1人もいなかった。自宅に帰って亡くなった児童、生徒はいるが学校にいた全員は高台に避難した。

校舎のそばの山林高台になぜ逃げなかったのか。

1960年（昭和35年）5月24日のチリ地震津波でも長面《ながつら》、大川小の釜谷地区は被災せず、宮城県が作ったハザードマップでは「津波襲来地帯」となっていなかった。しかし、50年以上も前と比べ、地震予知、防災無線情報など状況は異なる。1978年（昭和53年）6月12日の宮城県沖地震クラスが90㌫以上の確率で発生すると、政府地震予知委員会は10年前から警告していた。

助かった大川地区の住民は「このような大津波が襲うと思わなかった」と言っていたが、釜谷地区住民は約200人が津波の犠牲になった。石巻市教委も地震津波防災の指導はしてきたが、柏葉校長は前任者が作成したマニュアルを見ていなかったという。

石巻市教委は震災発生後29日目の2011年4月9日、飯野川第1小で遺族を含めた保護者に対して説明会を開いた。綿引雄一教育長は2000年12月から脳疾患の病気で長期欠勤。行政職の今野慶正事務局長が教育長職務代行者として対応した。柏葉校長と生き残った遠藤純二教務主任が出席したが、責任追及、状況説明に食い違いが出るなど混乱のまま散会した。

遺族への説明会で柏葉校長の勤務状況、震災発生後の行動が明らかになり、教育長長期欠勤を放置同然にした亀山市長、市教委の対応が問題になった。柏葉校長は震災当日の11日、長女の卒業式出席を理由に不在だったが、勤務地の大川小に戻ったのは17日。捜索活動している消防団員に対して校長室にある金庫（高さ1・5メートル、幅1メートル）を開けてほしいと依頼。がれきの中に遺体があり、重機がなければ運び出せないと断られた。金庫は校長室に3個あり、4月1日、北上大橋三角地帯に運んであった金庫を開けてもらい、柏葉校長は、茶封筒、ファイル2冊などを自家用車に入れて、避難所のビッグバン（旧河北町集会施設）に立ち寄った。

校舎前の慰霊碑。県内外から慰霊者が訪れる、震災遺構として保存が決まる。

　柏葉校長はカメラが趣味。それも異常な写真マニアだ。最新のデジタル68ギガバイトUSBメモリーを装着して撮りまくった。撮影した写真のＤＶＤを遺族がパソコンに記録したのを見た人は「修学旅行、学校行事、水泳教室などの撮影はすべてスナップ。しかも離れた位置にカメラを構え、正面から撮った写真は１枚もなかった。女子児童の水着姿は異常なポルノまがい。２年間で約２万コマ撮影した。

金庫には児童ポルノまがいの写真、メモリーが入っていたと、疑惑を指摘する保護者もいる。学校行事で来校した保護者に１枚50円で写真を売っていたが、水着姿の女子児童の写真もあった。

７カ月も不在の教育長に境直彦石巻中校長が２０１１年６月25日に就任した。市教育委員会体制は一応整ったが、亀山市長が任命権を持つ新教育委員に「がれき詐取事件」で逮捕された元青年会議所理事長のＪＣグループの窪木好文氏を就任させた。

亀山市長は２０１１年６月４日午後７時から飯野川第１小で開かれた２回目遺族説明会に初めて出席した。報道機関をシャットアウトしたが、市長の発言は遺族に録音されていた。

亀山市長は「危機管理意識が足りなかった。的確にリーダーシップを取れる先生がいなかった」と学校管理下の責任を暗に認めた。「人災だ」という遺族の追及に市長は「私が親の立場なら自然災害における宿命と思う」と述べた。

ＮＨＫテレビは２０１１年9月14日午後7時半の「クローズアップ現代　あの時何が？　巨大津波　大川小の悲劇」で、「自然災害の宿命と思う」という亀山市長の発言が放送され、「えっ、宿命だって」という父親の声が流れた。「宿命発言」をテレビで聞いた市民から「市長の発言は犠牲になった子供たちを冒とくするものだ」「行政、市教委、学校側の責任逃れではないか」という抗議の電話が、市、市教委に相次いだ。

石巻市支出の検証費5、７００万円はムダに消えた

石巻市は5、７００万円の市費を出して２０１２年（平成24年）12月、室崎益輝関西学院大学教授・元神戸大学名誉教授を委員長の「大川小学校事故検証委員会」を設置、1年間、学者、防災専門家ら6人の委員、4名の調査委員らに審議してもらった。この中には首藤伸夫東北大名誉教授（津波工学）もいた。検証委員会の業務処理を委託したのは株式会社・社会安全研究所。首藤由紀所長（代表取締役）は首藤委員の娘で

親子関係と分かり問題になった。文科省が仲介役になって設置、県教委も加わった。

設置要綱は

①大川小、市教委の防災に係る取り組み状況

②事故発生時の避難状況

③今後の学校防災の提言を行う。ただし、検証委員会は公正・中立を担保するため文科省・県教委の指導の監視の下に業務を遂行する――と書かれている。

なぜ、大川小だけが突出した大惨事が起きたのかという原因の究明、学校管理下であるのに管理・指導などがきっちり行われていたのかという根本的なことが調査・検証から除外されていたのだ。【添付資料】の末尾（139ページ）にあるように「法律上・行政上の責任は、検証委員会の所掌に含むことは困難」と書かれている。訴訟提起に備えていたのか。学校管理下で起きた責任追及を文科省、県教委は最初から回避したのではないか。市教委もこれに同意したのだろう。

9回検証委員会が開かれたが、検証内容は遺族側から事実と異なる点が次々出された。数名の児童は雑木林の山に避難しようと先生に言ったが、校長不在で教頭ら幹部教員は決断できず、時間だけが流れた。近くに1基ある防災無線から「津波警報」が

放送されたが、河北総合支所の広報車が午後3時30分ごろ、「長面湾の松林に津波がきた。すぐ高台に避難せよ」と言ったが、遅すぎた。

生き残った遠藤純二主任教諭は市教委の聞き取り調査に「山に逃げたが倒木に足を挟まれた。3年生の男子児童と一緒になり、釜谷トンネル方面の山へ下り、一晩、道路にあった乗用車で休み、明るくなってから自動車整備工場に着いた」と答えた。このことが全く嘘であることが判明した。整備工場社長がマスコミ取材に「津波がきた日、遠藤先生は男子児童を連れて私の工場に来た。背広を着て靴もはいていた。濡れていなかった。外はまだ明るかった」と証言している。遺族説明会での柏葉校長も責任逃れの発言。震災発生後も教育長が不在で行政職の代行者。児童の聞き取り調書を市教委指導主事が破棄処分したことが明るみに出るなど、組織ぐるみの証拠隠滅を思わせた。

6月25日に境直彦石巻中校長が7カ月間不在の教育長に就任した。「生き証人」であるはずの遠藤純二教務主任は「心的障害」「うつ病」という理由で入院、その後、長期療養で公的場所から姿を消した。

教育界に潜む〝人脈〟〝情実〟の闇も柏葉校長人事に見える

2016年4月8日、仙台地裁で証人尋問の裁判が行われ、証人申請した柏葉照幸校長（2014年3月、58歳で早期退職）と元大川小教頭で柏葉校長退任後大川小校長になった千葉照彦氏が喚問されて証言した。ただ1人生き残った遠藤純二・教務主任は心身障害の長期休養で出廷できないとして申請は却下された。

柏葉校長は震災後10回開かれた遺族説明会（1回欠席）で状況の説明をしているが、遺族の追及に真実は言っていない。初めての証人喚問で「良心に従って真実を述べる」と宣誓した。遺族側の吉岡弁護士の質問に「大川小には津波が来るとは思っていなかった。避難訓練は校庭だけ。危機管理マニュアルの改訂は石坂教頭に作成してもらった」。肝心な点になると「知らない」「思い出せない」を連発。「三角地帯にあった金庫から何を持ち出したか」に対して「児童の指導要録だ」と答えた。「茶封筒1枚を背広内ポケットに入れてすぐ車で戻った。その姿を遺族が撮影している。指導要録は内ポケットに入らない」と吉岡弁護士は再質問。柏葉証人は「記憶にない」と答えた。退廷の際、数人の男性が取り囲んで帰っていった。

柏葉校長はカメラが趣味。「茶封筒にはポルノまがいの写真、メモリーがあったはず」という遺族がいる。携帯電話には、生き延びた遠藤純二教務主任とのメールが入っていたが、退職後、すべて消去したと答えた。

仙台地裁の裁判に向かう遺族団

証言で柏葉照幸氏の経歴が明らかになった。

1978年（昭和53年）3月、東北福祉大卒。大崎教育事務所管内の小、中学校5校で臨時講師、1982年（同57年）3月、小学校教諭の免許取得。同年4月、泉市（現在仙台市）向陽台小教諭が教員生活の振り出し。1997年（平成9年）4月、43歳で伊具郡丸森町小齊小教頭（児童数93人）。以来12年間で色麻小（143人）、中新田上田川小（28人）、岩出山小（330人）、大崎市志田小（67人）、5校の教頭を転々。同21年、大川小校長（111人）に昇格。父親は柏

葉氏が最後の教頭だった志田小校長で退職した。町教育長もしていたという。妻も教員。校長人事は県教育員会がすべて行う。しかし、教育界には旧宮城師範学校の〝人脈〟〝情実〟などがある。父親が校長だった志田小教頭の大崎教育事務所管内から石巻管内に校長昇格の異動になった。この事実は柏葉証人の証言で知ることができた。

教育界の内情に詳しい元中学校校長は「教諭になって15年で教頭ポストは早い。12年間、5校の教頭をしたが児童数の変動を見れば教頭としての能力が低い証明だ。その柏葉氏を管外の大川小校長に発令した。教育界の闇、〝おり（澱）〟のような仕組み。事故検証委員会は逃げた」。検証委員の1人は「設置要綱にあるようにうわべだけの検証。校長の責任は検証に入っていない。有識者の意見も聞いたが〝なぜ大川小だけが〟には答えていないと思う」という。

事故検証委員会設置要綱案には「法律上・行政上の責任は検証委の所掌に含むことは困難」とあり、「文科省、県教委の責任は問わない」ということである。「人災」については、検証委員は触れることができなかったのである。各種状況から柏葉照幸氏を大川小校長に発令したことが、74人の命が奪われた最大の原因だ。

生き残った遠藤純二教務主任は野生サル研究者だった

最終報告書は２０１４年２月23日、石巻市長に提出された。責任の所在を明らかにしない報告書は最初から仕組まれていたと言ってもよい。石巻市が支出した５、７００万円はムダだったのである。市教委を統括する亀山市長の責任は重い。

判決は10月26日に下されるが、さらに長引くとしたら、「心的外傷後ストレス（ＰＴＳＤ）」を理由に証人尋問申請を却下された遠藤純二教務主任をいつまで休職扱いのままにしておくのか。公務員は３年以上の休職については何らかの措置が必要だ。吉岡和弘弁護士は「遠藤教務主任は山へ逃げようと言った。校長は不在だったが教頭ら教員がなぜ一致した行動を取れなかったのか。３月９日も大きな地震があった。児童１人が具合を悪くして救急搬送された。遠藤先生は理科担当で児童から人気があった。卒業式で〝ありがとう〟と書き入れた似顔絵を持ってきた児童がいた」。

東北大学医学部教授の診断書が市教委から出されてくるそうだが、遠藤教務主任には妻子もいる。1961年生まれ。金華山の野生サルの研究者として知られている教師であった。県教委、市教委は震災発生後5年以上も1人の教員を隠した状態で置いていくのか。人権問題でもある。

佐藤敏郎氏（52）は次女（当時6年生）を失った。28年間、中学校教諭を務めたが2015年3月退職。遺族会の訴訟には加わらず「小さな生命の意味を考える会」を作り、学校防災について講演するなどの活動をしている。

大川小校舎には全国各地から慰霊者が絶えることなく訪れている。震災満5年の今年3月11日には遺族、市民のほか県内外から300人が慰霊に来た。亀山市長は3月26日、大川小を震災遺構として全体を保存することを発表した。発表は記者クラブ加盟社だけ。遺族側はマスコミの報道で知った。大川小校舎は1985年建設で校舎はしっかりしているが、どのように保存するのか。ここにも亀山市長の責任が問われる。

教育界、特に学校管理下にある義務教育は校長の責任が大きい。大川小の惨事は事故検証委員会の実態を含めて教育界の「病んでいる」姿を暴き出した。

【添付資料】

大川小学校事故検証について——第三者検証委員会の概要

平成24年10月25日

(1) 基本的考え方

○東日本大震災の津波により、学校管理下で84名もの児童・教員が犠牲となった大川小学校の事故に関して、事故当日及びそれ以前の学校・教育委員会等の状況・対応について公正中立かつ客観的に検証し、この検証を踏まえた教訓を後世に残すことにより、今後の同様の事故の再発防止に役立てるとともに、全国の防災教育の改善に資することを目的とする。

○外部機関に業務委託し、委託先が検証委員会を設置して、検証及び検証を踏まえた教訓を明らかにする作業に当たってもらう。検証業務は、公正・中立を担保するため、国・県が指導・監視する。

○検証委員会は、石巻市・市教育委員会から独立してゼロベースで検証を行う。その際、従来、市教委、遺族が収集した種々の材料を検証に当たって参考としつつ、関係者ヒアリング、現地視察等を改めて行うこととする。

○検証委員会が収集した資料、ヒアリング結果などの情報は、可能な限り積極的に公開する。

○公正な検証の必要性と円滑化についてご遺族のご理解を十分得ることとする。

(2) 検証委員会の具体的枠組み

○文部科学省及び宮城県教育委員会は、石巻市からの独立性に十分配慮しつつ、地教行法に基づき石巻市教育委員会に対する指導助言を行うとともに、公正性・中立性・信頼性を担保するため、検証委員会事務局の業務を指導・監視する。

○検証委員会事務局は、石巻市・市教育委員会から委託を受けたコンサルタントが努めることとし、必要に応じ、他の専門的知見を有する機関の協力を得て業務を行う。

○検証委員会事務局は、文部科学省及び宮城県教育委員会の指導の下、検証委員会を設置する。検証委員会は事故調査、自然災害、防災教育等の専門家、法曹関係者に加え、遺族の視点を有する者（過去の事故・自然災害の犠牲者の遺族等）など多様な有識者から構成する。

○検証委員会の下に、

①事故前の学校防災に関する取り組み状況等について検証を行う部会

②事故発生時の避難行動等について検証を行う部会

を置くものとする。各部会は、更に専門的知見を有する者の協力を得て関係者からヒアリング等を実施する。

（3）検証の主な論点例

①学校の置かれた環境及び事故前の学校・教育委員会の取り組み状況

②事故発生時の対処行動

③今回の事案から見た今後の学校防災に関する提言

※検証委員会の目的は原因究明及び再発防止であり、事故前後の関係当局・関係者の対応に関する法律上・行政上の責任追及は目的としない。

再生へ漕ぎ出そう――あとがき

ジャーナリスト　相澤雄一郎

組織の大中小を問わず、そのトップに責任感のあるリーダーシップがなければ組織は病んでいく。病状は外部へ広がっていく。東日本大震災発生後、そうした事例はいくつも生じた。その一つが太平洋に面した「海のまち」石巻市である。最大の被災地だが、亀山紘市長という行政のトップと浅野亨石巻商工会議所会頭という経済界トップによる復旧、復興に絡む黒い連携が明るみに出るようになった。漁業を主要産業とする港町には特有の風土がある。例えば密漁を大目に見るなど馴れ合いのような気風が流れている。かつては造船所で漁船の不法改造が行われていたことが社会問題になったこともあった。

わが国最大のマグニチュード9・0という巨大地震が2011年（平成23年）3月11日午後2時46分発生、大津波が太平洋沿岸を襲った。人口17万人の石巻市では死者3、181人、行方不明419人を出すなど壊滅的な被害を受けた。浅野会頭は石巻市、市議会、商工会議所が「三位一体」で復旧・復興に取り組む音頭役になった。政府の「震災復興基本方針」では10年間に23兆円の復旧復興資金を見込み、石巻市では1兆円を超す。市の年間予算は震災前一般会計650億円が5倍近い3、000億円に増えた。

震災後の混乱状態の中では行政、捜査関係の目も届かなくなる。巨額の公的資金が入り込むと不正行為が起きやすくなる。震災翌年にボランティアを装った震災がれき撤去詐取事件、グループ化補助金詐取などが摘発され、行政、経済界トップの亀山市長と浅野会頭が連携する中心市街地再開発マンション建設疑惑が市議会で問題になるなど、復興マネーに絡む「病める姿」が現れるようになった。

さらに悲惨なのは大川小74人の児童、10人の教師が津波の犠牲になってしまったことだ。「なぜ、大川小だけが大惨事となったのか」ということは、市が5、700万円支出していった事故検証委員会の報告書では検証できなかった。仙台地裁では23児童19遺族は「人災だ」として宮城県、石巻市を相手取って23億円の国家賠償請求訴訟の裁判が行われている。10月26日に判決が下されるが、決着はさらに先になるだろう。

私は1980年（昭和55年）4月、河北新報社が創刊した石巻地方1市9町の地域新聞「石巻かほく」の現地責任者として赴任した。45歳だった。地方新聞の記者は転勤先の地域をそこに住む人以上に愛して、喜怒哀楽を共にすることが大切だと考える。4年間、自分の「目、耳、足」で駆け回り、石巻地域の文化、伝統など素晴らしいことを知り、多くの皆さんにお世話になった。本社に戻り編集局長などをしたが、「石巻かほく」を経営する三陸河北新報社長、地元出資者たちで設立したFMラジオ石巻社長もした。秋田市出身だが、石巻を第二のふる里と思ってきた。

「地域と共にマスコミ人生50年」という小冊子を出している。その中で「おかしいことはおかしい」という普通の人間が持つ見方を、記事にする感覚を研ぎ澄ますことが新聞記者には必要だ、と書いている。私はその感覚を実行してきたつもりだ。

1934年生まれのオールドジャーナリストだが、東日本大震災発生後、第2のふる里石巻では「おかしい」ことが次々起きている。35年間関わりあった素晴らしい石巻が、「病める海のまち」になった姿は看過できない。

著者の高須基仁さんは1947年生まれ。中央大学在学中は学生運動の最前線に立った。表紙に略歴があるが、正義感と責任感が強い方だ。『慶応医学部の闇・福澤諭吉が泣いている』を出版している。マスコミ界で共に生きてきたので知り合いになった。石巻が病んでいることを語り合ううちに、実態を自分が書くと言ってくれた。高須さんにも被災地石巻、三陸海岸の町に「怒り」「悲しみ」を抱いていることがあるという。多くの方々にお世話になって出版が実現した。病める「海のまち」の病状回復はこれからだ。かつて「燃えていた海のまち」があったことを私は知っており、体験もしている。再生へ漕ぎ出そう。

【第2部】

燃えた「海のまち」があった

まえがき

燃えた「海のまち」があったことを、石巻市民の皆さんにぜひ知っていただきたい。市民が協力し合って多彩な文化活動をして町づくりしたことが評価され、サントリー文化財団から第7回（昭和60年度・１９８５年）サントリー地域文化賞を受賞した。受賞団体は「石巻　文化をはぐくむ港町づくり」会である。代表は稲井善次郎さん。当時は石巻魚糧工業社長で石巻商工会議所副会頭だった。石島恒夫石巻芸術協会事務局長、橋本晶石巻市図書館長ら文化人、経済人らが応援した。

選考委員長は梅棹忠夫国立民族学博物館長、元大阪大学総長赤堀四郎氏ら6名が選考委員を務めた。

稲井善次郎さんの従弟にあたる高橋英吉さんは東京美術学校彫刻科在学中から文部省美術展（文展）で入選、その後特選、無鑑査になるなど将来を嘱望される彫刻家になった。しかし、高橋英吉さんは太平洋戦争で31歳の時、妻子を残してガダルカナル島で戦死した。高さ2メートル45センチの潮音像をはじめとする「海を主題とする3部作」などの遺作展、天才彫刻家の映画「潮音―ある愛のかたみ」制作など石巻は文化活動で燃えた。ガダルカナル島の平和公園に潮音ブロンズ像を市民の応援もあって建立した。

次頁にサントリー地域文化賞の授賞事由を掲載する。受賞申請書は相澤雄一郎がサントリー文化財団に提出した。

相澤雄一郎は丸善発行の「学燈」1984年（昭和59年）12月号に「映画つくりに燃えた港町」と題して当時の石巻の姿を紹介している。天才彫刻家の高橋英吉さんの生涯、国重要文化財もある「毛利コレクション」、市制施行40周年の記念事業の「カンタータ　大いなる故郷・石巻」のことなど本当に石巻は燃えていた。

震災後、よその地域から石巻に移り住んで活躍している方が多くいる。燃えた「海のまち」があったことを知ってほしい。

【第7回　サントリー地域文化賞授賞事由】

「石巻　文化をはぐくむ港町づくり」会に対する

市民あげての多彩な文化活動による町づくり

「金華山海上に見わたし、数百の廻船入江につどい、人家地をあらそいて、竈の煙立ちつづけたり」（「おくのほそ道」）と芭蕉が描写した石巻は、古くから港町として栄えた。

北上川と太平洋の出会う所、海の道・川の道・陸の道を通じて各地の人びとが行き交い、さまざまの文化を石巻に運んできた。

港町特有の開放性と進取の気風は連綿と受け継がれ、今も、〝新しもの好き〟の風土は変わらない。戦後間もなく建設された公民館を根城に、多くの市民が文芸・音楽・演劇・講演会等の新しい文化活動に熱意を注いだ。

昭和33年、こうした豊かな文化的土壌を背景に、東京から帰郷した石島恒夫氏が中心となって、「石巻優秀芸術鑑賞会」が発足。内外一流の芸術家を招き、市民に紹介するとともに、文化創造の場としての市民会館建設運動を推進した。運動が効を奏し、昭和42年石巻市民会館が完成。この〝新しい皮袋〟に〝新しい酒〟を入れるべく「石巻優秀芸術鑑賞会」は発展的に解消、新たに「石巻芸術協会」が誕生する。

その後、同協会を中心として、市民合唱団・オーケストラ・バレエ・美術の各団体等々、芸術・文化の芽が次々と花開き、市制40周年を迎えた昭和48年には、市民の力の結晶、創作カンタータ「大いなる故郷　石巻」となって実を結ぶ。

昭和50年、もう一つの新しい文化の波が隆起する。

石巻に生まれ、若くしてガダルカナル島で戦死した天才彫刻家・高橋英吉の遺作展が契機となった。宗左近氏は彼の作品を、「夢の発現、生命の炎に形を与えたもの」と絶賛。英吉の作品にふれた人びとは、改めて郷土の生んだ芸術家の偉大さに感動した。英吉の従弟にあたる稲井善次郎氏、後輩にあたる橋本晶氏らを中心に、「映画〝潮音〟を創る会」が結成され、英吉の生涯を市民の手で映画にする運動が始まる。

芸術文化団体、水産会社、英吉の知人・友人を皮切りに、小学生からお年寄りまでの広範な市民から募金が寄せられ、目標を大きく上回る1、680万円が集まった。映画の制作にも多くの市民が参画。文字どおり市民手づくりの映画となった「潮音」が、58年完成し、市民の間に新たな感動を呼び起こしている。

この波はさらに広がり、本年秋完成予定の文化センター内の高橋英吉展示室解説、地域出版活動、舞踊の創作、さらには、支倉常長《はせくらつねなが》（慶長遣欧使節団）をテーマにしたオペラの企画等々、構想の種は尽きない。

「文化をはぐくむことは、人を育てること」をモットーとした稲井・橋本・石島氏らの長年にわたる郷土の文化づくりへの献身が、後に続く若いリーダーたちを輩出させつつある。〝新しもの好き〟の気風が息づく港町石巻は、これからも文化の炎を受けつぎ、一層輝きを増していくことであろう。

【雑誌『学燈』 昭和59年12月号】

映画づくりに燃えた港町

――開放性と新しもの好きの風土――

河北新報社報道部長　相澤　雄一郎

地方文化には、その土地の地理的環境、歴史、住民を反映した表情がある。仙台から約50キロ離れた宮城県で二番目の町、石巻市にもそれなりの表情がある。その表情を、将来を嘱望されながら31歳でガダルカナル島で戦死した石巻出身の彫刻家、高橋英吉を軸にして紹介する。

その港町の市民会館で昭和58年12月、高橋英吉の生涯を描いたドキュメンタリー映画「潮音・ある愛のかたみ」の試写会が催された。上映が終わった瞬間、千人を超す市民は大きな感動に包まれ、目に涙する人も多かった。そして自分たちの募金で出来上がった手づくりの映画に、「やった」という充実を感じたようであった。

英吉は明治44年、石巻に生まれた。父は大きな缶詰工場経営者で、旧制石巻中から東京美術学校彫刻科木彫部に進んだ。卒業の昭和11年、「少女像」が文展に初入選、才能を早くも見せた。

海辺育ちだけに海への思いが強く、研究科を中退して南氷洋の捕鯨母船に乗り込み、海の男を観察した。その成果が「海を主題とする三部作」である。第一作の「黒潮閑日」は13年に文展入選、翌14年は第二作の「潮音」が文選特選、さらに15年には第三作の「漁夫像」が無鑑査となり、若き彫刻家として注目された。

太平洋戦争が始まった16年、文展審査員に推挙されたが、妻と誕生間もない娘を残し応召、翌17年11月2日、日本兵一万七千人が散ったガダルカナル島で戦死した。31歳であった。

この英吉の生涯を映画として残したいという願いは、英吉の五年後輩の橋本晶さん（68）＝元石巻市図書館長＝、従弟の稲井善次郎さん（69）＝石巻魚糧工場社長＝、石島恒夫さん（54）＝石巻芸術協会事務局長＝らに以前からあった。石巻市制施行五十周年の昨年四月、映画制作を実行しようと、文化人、経済人らを中心に「映画〝潮音〟を創る会」を結成、市民に募金の協力を呼びかけた。

「潮音」は英吉の文展特選作品で高さ2㍍の木彫。漁業用ロープを左肩にかけた海の男の像には、雄々しさがほとばしっている。「潮音」をめぐっては後で触れるが、

「潮音」と言うと、市民の胸をジーンと打ち、なにか血が騒ぐのである。

石巻市内の会社、商店、英吉の未亡人、友人から次々と資金が寄せられ、試写会の12月までに166団体、851個人から1685万円の寄付が集まった。その中に石巻市の300万円もあるが、事務局の石巻市図書館には小・中学生が小遣いを持って来たり、仙台市をはじめ宮城県内各地からの募金も寄せられた。募金目標は製作費の三分の一に当たる1000万円だったが、はるかにオーバーしたことは、市民の熱意を如実に示している。

映画は、東京美術学校時代から新婚、兵役時代、戦争シーン、故郷石巻を回想するドキュメントドラマで、英吉役は江藤潤、夫人役は友里千賀子、後輩の彫刻家舟越保武さんや美術評論家の宗左近さん、友人らが証言の形で登場したほか、現地ロケには大勢の市民がエキストラとして参加した。

監督は片桐直樹さん、制作は「マタギ」などで知られる青銅プロダクションで、75分の本格映画である。監督、制作はプロが担当したが、企画、構成には「創る会」の橋本さん、石島恒夫さんが参画し、音楽は石島さんの次男で、若手作曲家として活躍している桐朋学園大学講師、石島正博さん（24）が担当するなど、市民手づくりの映画である。

この映画は今、文部省選定、優秀映画鑑賞会、美術教育映画鑑賞協議会、宮城県知事など多くの推薦を受けて、小・中・高校を中心に各地で上映されている。芸術へひた向きに生きる英吉が、妻と娘を残して戦争で散華せざるを得なかった運命、そして、生きることがいかに大切かを訴える映画の内容は、大きな感動を巻き起こしている。

橋本さんは「本当に素晴らしい映画です。英吉さんと東京で二年間、起居を共にしたので、兄貴同然の彼の映画が出来て、個人的にはこんなうれしいことはない。しかし、それ以上にうれしいのは、戦後、石巻で公民館活動など社会教育活動に携わってきた私にとって、この映画が、石巻の文化度の高さを、内外に証明してくれるものだということです」と語る。さらに橋本さんは続ける。

「郷土愛というものはどこにもある。その郷土愛と、何かを作り上げるという創造力が結びついた時、地域文化が盛り上がる。今度の映画づくりは、郷土が誇り得る若き天才彫刻家、高橋英吉という素晴らしい人間が存在したこと。そして、その英吉が郷土愛と創造力をうまく結び付けてくれたことによって出来上がった。

昨今、地域文化は混迷していると言われるが、私たちの映画づくりは地域文化の進め方に一つの示唆を与えたと思う。ただ、石巻には港町特有の開放性、新しもの好きの風土がある。特に、江戸時代には交易港として栄え、新しいものが次々と入り、それを受け入れてきた。文化活動が活発になる背景には、その土地が開放的なことも必要でしょう」

橋本さんは戦後、この地で、文化活動推進役の一人として活躍してきたほか、郷土史研究家でもあり、こうした分析には説得力がある。

ところで、市民の募金をバックとした映画づくりは、よそ目には地域文化推進の新しい行き方と見えるかもしれないが、映画に至る前に、地域文化の土壌づくりは、地域文化人たちの手で熱心に行われてきたのである。

例えば石巻には「毛利コレクション」という考古学研究者にとって貴重な資料がある。毛利総七郎さん（昭和49年没）は、私財を投じて縄文時代の遺物、アイヌ土俗品など多数集め、その中には国の重要文化財なども数多くある。東北大学などに寄贈したものもあるが、毛利家は大事に保存し、全国の研究家を中心に公開している。

戦後、民主主義という心地よい風に乗って地域文化活動は全国各地で活発になったが、30年代、高度経済成長に入るとともに、若者たちが都会に流出、文化の熱気は冷えた。石巻も例外ではなかった。しかし、38年ごろから商店経営者、医師らが再び立ち上がった。

早稲田大学に在学中、演劇活動をしていた石島恒夫さんが、郷里に戻ってきて酒屋さんをやる傍ら文化活動を始めたのも、その一例である。各サークルを集めた石巻芸術協会が発足したのは42年だった。

その活動の成果の一つが、48年の市政施行四十周年記念事業の「カンタータ　大いなる故郷・石巻」の公演だった。作詞は石島さん、作曲は石巻出身の俳優・故小杉勇さんの長男で作曲家の小杉太一郎さん（故人）。五十分の大曲は東京交響楽団が演奏、独唱は伊藤京子さん、友竹正則さん、市民で作った石巻合唱連盟の団員が合唱した。

「カンタータ　大いなる故郷石巻」公演（市政施行50周年）

これがきっかけで市民交響楽団が生まれた。団長は石巻保健所長でバイオリンをひく伊藤規さん。70歳を超すお年寄りもいるし、小学生、盲目の中学生も交じる。昨年の市政施行50周年には「カンタータ」が再演された。プロの東京シティ・フィルと市民交響楽団が合同演奏した。

合唱は市民180人。合唱連盟理事長の熊井かつ子さんは料理学校の校長で、十年前も歌った。「もう一度やれるとは思わなかった。二回目の出演者は10人ほどでしたが、火種は消えずにいたのね」と喜んでいた。この公演では、石島正博さん作曲の「レクイエム・潮音」も初演された。

そのほか、バレエ研究所を主宰する佐東悦子さんら地域文化づくりに取り組む人たちが多数いる。

こうした土壌の中で、映画「潮音」が出来上がっていったのだが、「潮音」をめぐる二つの出来事が、石巻市民の文化に対する熱気を刺戟したと言ってもよいだろう。

昭和50年11月、高橋英吉三十三回忌遺作展が石巻市図書館で開かれた。文展特選の「潮音」は行方が分からず陳列されなかったが、約50点が集まった。いずれの作品にも鋭い感性とみずみずしい情感があふれ、6000人の鑑賞者は心を打たれた。

英吉がガダルカナルへ向かう途中の輸送船の中で、流木に針で彫った小品の「不動明王像」の前には、前途有為の若き芸術家の痛恨がにじみ出ているようで、次々と賽銭が置かれ、手を合わせる姿が絶えなかったという。

この遺作展を契機に、市民は郷土に偉大な芸術家が存在したことを再認識させられた。行方不明の「潮音」は53年1月、NHKテレビで英吉の人と作品が紹介され

ガダルカナル島平和公園の潮音像。
写真後列左側に澄江夫人。

たことによって鳥取県にあることがわかり、所有者は石巻市に寄贈した。

英吉の代表作「海を主題とする三部作」が故郷にそろったことによって、市民の間から「英吉美術展」の要望が高まり、展示室を含めた市総合文化センターが61年中に完成する予定だ。

さらに「潮音」は不思議な因縁の糸に操られる。54年4月、石巻で国際ロータリークラブの宮城・岩手両県大会が開かれた際、プログラムの表紙を「潮音」が飾った。出席したロータリアンの竹田恒徳氏（財団法人南太平洋戦没者慰霊協会名誉会長）は「潮音」の由来を聞き、ガダルカナル島に建設計画中の平和公園内に、鎮魂碑として「潮音」ブロンズ像を建てたいと申し入れた。

「潮音」というと石巻市民の血が騒ぐようになっていた。石巻市、ライオンズクラブ、市民らで二千万円近い募金が集まり、ブロンズ像を三体作った。一体は56年10

月、ガダルカナル島平和公園に建った。二体は石巻市内の公園などに建っている。

地域文化が花咲き、永続性を保つには、文化活動に熱意のあるリーダー役が各年代ごとに存在することが望ましい。今後の映画づくりには若手の経済人、公務員たちも熱心に活動した。よそ目には「それほどまでに…」と思うこともあった。石巻の若い世代にリーダー格がいることは、江戸時代、交易港だったということからくる港町特有の開放性と新しもの好きの風土が、彼らの血の間に生き続けているせいなのだろうか。

天才彫刻家・高橋英吉さん

高橋英吉さんは明治44年（1911年）4月13日、石巻に生まれた。父は大きな缶詰工場経営者で五男の英吉さんは、旧制石巻中学校から東京美術学校（現東京芸術大学）彫刻科木彫部に進んだ。研究科在学中の昭和11年（1936年）、文部省美術展（文展）に「少女像」を出品して初入選、才能を早くも見せた。海辺育ちだけに海への思いが強く、研究科を中退、南氷洋の捕鯨母船に作業員見習として半年間乗り組み、海の男を観察、スケッチした。その成果が「海を主題とする3部作」である。いずれも2メートルを超す木彫で第1作の「黒潮閑日」は13年の第2回文展で入選、翌14年の第3回文展で2作目の「潮音」が特選になった。3作目の「漁夫像」は第3回文展で無監査となり、若き彫刻家として注目された。

高橋英吉さん

太平洋戦争が始まった16年、文展審査員に推挙されたが、妻と誕生間のない娘を残して応招、17年11月2日、ソロモン諸島ガダルカナル島で日本軍戦死者1万7千余の一人として散華した。31歳という短い人生だった。

英吉さんは神奈川県三崎の網元の娘・澄江さんと恋愛結婚、出征したとき一人娘の幸子さんは生後100日。ガ島に向かう輸送船の中で英吉さんが流木に針でこつこつ彫った「不動明王像」が澄江さんに送られてきた。高さ11・9センチ、幅3・4センチという小さな木彫は最後の作品である。船中で英吉さんは、どんな思いで彫ったのだろうか。

ガダルカナル島への輸送船上で
彫った最後の遺作「不動明王像」
（高さ 11.9 センチ、横 3.4 センチ）

ガダルカナル島に建立した潮音像。澄江夫人ら関係者が訪れた。

【資料編】

大川小学校事故検証委員会

はじめに

石巻市立大川小学校は、豊かな自然環境に恵まれ、地域の中心をなす街並みに囲まれた学校だった。保護者からは「子どもたちが喜んで行く学校」「毎日が楽しいと言っている学校」と評価され、また暑い日はスクールバスを待つ子どもたちに近隣の住民から飲み物が差し入れされるような、地域の人々に見守られ、地域に密着した学校だったとも聞いた。

その大川小学校が東日本大震災の津波に襲われ、多くの児童・教職員が犠牲になった。我々は、残された家族の「なぜ、大切な家族の命が失われたのか」「最後の様子はどうだったのか」を知りたいという気持ちと、「この事故を決して無駄にしてほしくない」という願いを胸に刻みつつ、事故の検証に当たった。

東日本大震災では、他にも多くの学校が津波に襲われたが、これほどまでに大きな犠牲が生じたのは大川小学校のみである。このため、家族たちは「なぜ、大川小学校だけが？」を知りたいと願っていた。その願いに対して我々が出し得た答えは、次のようなものである。すなわち、この事故の直接的な要因は、避難開始の意思決定が遅く、かつ避難先を河川堤防付近としたことがある。しかしその背後には、次の二つの面で数多くの要因があった。

①学校における防災体制の運営・管理がしっかりとした牽引力をもって進められず、また教職員の知識・経験も十分でないなど、学校現場そのものに関わる要因

②津波ハザードマップの示し方や避難所指定のあり方、災害時の広報・情報伝達体制など、災害体策について広く社会全体として抱える要因

これらの背後要因は、個別には、他の学校現場にも見受けられることであったり、日本全国に共通する防災上の課題であったりする。大川小学校の事故はその全てが重なったために起きたのであり、どれか一つでも取り除かれていれば、惨事は防ぐことができた。その意味で、この事故は決して大川小学校のみの特殊なものではなく、このままでは日本国内のどの学校でもまた起こり得る事故である。だからこそ、そこからの教訓を最大限に引き出して今後の防災対策につなげていくことが、失われた命に報いることとなるだろう。

大川小学校の教職員たちは、津波の来襲の中で必死に子どもたちを守ろうとしたはずである。しかし、結果的には子どもたちの命を守ることができなかった。全ての学校現場とその関係者は、この事故の結果責任を自分たちにも生じる可能性のある重い課題と受けとめ、本報告にまとめた事実や背景とそこからの教訓を参考として、事故要因に関する深い洞察と再発防止に率先して取り組まれることを期待する。本検証の結果が、明日からの学校現場の防災・安全につながり、二度とこのような事故を繰り返さない社会になることをもって、亡くなられた方々への供養としたい。

大川小学校事故検証委員会

平成26年2月

大川小学校事故検証委員会（名簿）

委員長
室崎　益輝　ひょうご震災記念21世紀研究機構副理事長
神戸大学名誉教授

委　員
数見　隆生　東北福祉大学総合福祉学部社会教育学科　教授
佐藤　健宗　弁護士　鉄道安全推進会議事務局長
関西大学社会安全学部　客員教授
首藤　伸夫　東北大学名誉教授
芳賀　　繁　立教大学現代心理学部心理学科　教授
美谷島邦子　8・12連絡会　事務局長

調査委員
大橋　智樹　宮城学院女子大学学芸学部心理行動科学科　教授
佐藤　美砂　弁護士
日弁連交通事故相談センター　理事
翠川　　洋　弁護士
東北大学法科大学院非常勤講師
みやぎ被害者支援センター理事
南　　　哲　神戸大学名誉教授

事務局
株式会社　社会安全研究所

大川小学校事故検証委員会は２０１４年（平成26年）２月24日、亀山紘石巻市長に「事故検証報告書」を提出した（１７０ページ）。報告書の概要を掲載する。

本書第６章では「大川小惨事は人災だ」と書いている。石巻市、市教育員会、文部科学省、宮城県教育委員会は検証委員会設置前に検証内容をどのようにするかを検討している。第三者検証委員会の概要（平成24年10月25日付）を添付資料として掲載する（１３７ページ）。その中に「※検証委員会の目的は原因究明及び再発防止であり、事故前後の関係当局・関係者の対応に関する法律上・行政上の責任追及は目的としない」「検証業務は、公正、中立を担保するため国・県が指導・監視する」と書かれている。国は文部科学省、県は県教育委員会。この文書は関係者に限られ、遺族は事前に知らされていない。

平成24年９月28日付の大川小事故検証委設置要綱試案概要では

①検証委員の人選は公正・中立を担保するため文科省、県教委が主導、運営は文科省、県教委の主導の下に行う

②事故前後の関係当局・関係者の対応に関する法律上、行政上の責任は、検証委員

会の所掌に含むことは困難
③検証の進め方は遺族、市教委、県教委、文科省の4者円卓会議で確認する
④委員会会合は原則公開で開催

報告書では亀山市長の対応、市教委の震災直後の対応、遺族説明会など当時の状況が詳細に書かれており、改めて大変な惨事だったことが思い起こされる。

しかし、検証委設置要綱には「関係当局・関係者の法律上、行政上の責任追及は目的としない」と書かれており、義務教育の学校管理下で「なぜ大川小だけが児童74人、教員10人の犠牲者が出たのか」ということは最初から避けてしまった、と言えよう。

大川小学校事故検証報告書

■事故の概要（報告書第1章）

平成23年（2011年）3月11日（金）14時46分、三陸沖を震源とするマグニチュード9・0の地震が発生した。石巻市立大川小学校では、地震当時在校していた児童・教職員が校庭への二次避難を行ったが、その後、保護者等への引渡しにより下校した児童27名を除く児童76名、教職員11名が津波に遭遇し、うち5名（児童4名、教職員1名）を除く多くの児童・教職員が被災した。

■事故検証の経過（報告書第2章）

この事故を公正中立かつ客観的に検証し、原因究明と今後の学校防災に関する提言を行うことを目的に、大川小学校事故検証委員会が設置された。委員会会合9回、作業チーム打合せ6回を開催したほか、資料等の収集・精査、関係者等への聴き取り調査（計108回、延べ人数196人）、現地調査等を実施した。

■事前対策及び事故当日の状況に関する事実情報（報告書 第3章）

（1）事前対策に関する情報（主なポイント）

①大川小学校における災害への備え

震災当時の大川小学校における災害対応マニュアルには、一部に津波に関する記述が加えられていたが、津波を想定した避難行動や三次避難場所の検討等はなされなかった。校庭から避難先である三次避難場所は、地震を想定した平成19年度のマニュアルの記載（近隣の空き地・公園等）がそのまま踏襲されていた。マニュアルには児童引渡しのルール等が記載されていたが、保護者に対する周知は行われておらず、引渡しの仕組みは未完成のままだった。また、津波を想定した避難訓練や児童引渡し訓練は行われていなかった。

②地域における災害への備え

石巻市の地域防災計画では、宮城県の「第三次地震被害想定調査」に示された宮城県沖（連動）を想定地震とし、この想定に基づいた津波浸水予想を用いてハザードマップが作成され、市民等に配布されていた。大川小学校は、津波の予想浸水域から外れており、津波の際の避難所となっていた。

③学校及び周辺の状況と地域の歴史

大川小学校の立地・校舎設計に際しては、洪水や津波は想定されていなかった。大川地区では、明治三陸地震、昭和三陸地震において、長面など沿岸部で津波被害の記録がある。大川小学校では、事故の約1年前のチリ地震による津波警報（大津波）発表時に避難所が開設され、事故2日前の地震の際には児童・教職員が校庭へ避難した。これらの機会に教職員間で地震・津波の際の対応が話題となった。

④教職員の知識・経験等

震災当時の大川小学校の教職員の中には、近年、学校防災・安全に関する研修会などに参加した者、過去に他校で津波防災対策に取り組んだ経験を持つ者がいた。13名の教職員のうち、同校における勤続年数2年未満が8人を占めていた。

過去に在籍した教職員へのアンケート調査からは、全教職員が災害対応マニュアルの内容を把握した状況ではなかったこと、マニュアルや訓練の想定は地震、火災、不審者侵入が中心だったこと、大多数の教職員は津波の心配をしてなかったことなどの結果が得られた。

⑤学校経営・職場管理等の状況

平成22年度の大川小学校教育計画では、目指す教師像として組織体と協働体制が強調されていた。また目指す児童像の一つである「たくましい子ども」に関連して、安全に行動できる能力・態度をはぐくむ際に重視されていたのは、交通事故への対応・訓練、不審者対応であった。

大川小学校と地域・保護者との関係は密接だったが、近年、その協力関係に変化が生じてきたことが指摘された。平成19・20年度のＰＴＡ拡大役員会議で議題となった災害時の対応（児童の引渡し）は、平成22年度には議題とならなかった。

⑥石巻市・宮城県・国における学校防災の取り組み

平成21年度から22年度前半にかけて、石巻市内の学校現場では防災に対する取り組みが進捗しつつあったが、津波対策の必要性は必ずしも十分に認識されていなかった。市内64校の小中学校において、災害対応マニュアル等に津波に関する記載が確認できたのは約半数（大川小学校を含む）のみであった。

宮城県教職員の策定した「みやぎ防災教育基本指針」（平成21年2月）には、津波に関する記載は一部のみであった。教職員向けの研修では、平成22年度になって津波の基礎知識の内容が追加された。

文部科学省は、学校安全関連の研修を共催し、各種教材を作成していたが、これら教材の活用状況は被災３県（岩手、宮城、福島）で12％程度であった。また、国立大学法人の教員養成大学では、津波や防災を扱っている大学はごく小数であった。

（2）当日の状況に関する情報

地震発生から津波来襲までの間に大川小学校近隣の釜谷地区内にいたことが把握された住民等（在勤者、来訪者含む）２３２人のうち、１８１人が死亡した（死亡率78・0％）。

事故当日の、校内の対応を中心とした動き（推定を含む）は、左表（175〜177ページ）のとおりである。

●全体状況（◇…校内の対応等）

14：46　地震発生（揺れの継続は約3分）

14：49　津波警報（大津波）発表、予想津波高6ｍ

◇児童・教職員、校庭へ二次避難

14：52　防災行政無線による広報（津波警報発令）

◇15時少し前　教職員Aが残留児童の確認を終え、残留者なしを報告

◇教職員A「山へ行くか」↓「この状況では難しいのでは」のやりとり

◇保護者へ児童引渡し開始

◇教職員Aが体育館を確認、住民に「使えない」と伝え、教頭らに報告

◇教職員A、この間、校長や市教育委員会に断続的に電話を掛けるがつながらず

◇教職員Aが避難所特設電話の設置を試みるために体育館へ

15：10～15：15頃　河北消防署の消防車が広報しつつ釜谷地区内を長面方面へ
◇15：10～15：15頃　バス運転士無線交信「学校の判断が得られない」
15：14　津波警報（大津波）予想津波高10ｍに変更（ただし報道はテレビのみ）
◇教職員Aら、児童の服等を持ち出すために校舎内へ
◇15：20頃　教職員C、引渡し担当を外れる（かまどと薪の運搬へ）
15：21　予想津波高10ｍをFMラジオが放送
◇15：23頃　支所職員C、Dが学校へ立ち寄り
支所職員A・Bが、谷地中付近で長面の松林を越える津波を目撃してUターン
◇15：24頃　支所職員C、Dが学校を出る
◇スクールバスがバックで校地内に入る
◇教職員A「山に逃げますか」と尋ね、返答・指示がないため校舎2階を確認に行く
15：25～15：30頃　河北総合支所の公用車が長面方面から新北上大橋方面へ戻りつつ広報
児童引き取り保護者らが新北上大橋を通行、橋の下に白波、下流部に高い波を目撃
新町裏付近の富士川堤防から津波越流
署の消防車が広報しつつ釜谷地区内を長面方面へ

15：32　予想津波高10ｍをAMラジオが放送

間垣堤防で津波越流

◇15：33〜34頃　三角地帯への移動を決定、教職員K以外の児童・教職員が避難開始

◇教頭、「津波が来ています、急いで」

◇教職員A、校庭に戻り、避難の列を小走りで追う

大橋付近の越流が三角地帯を襲う

15：37頃　陸上遡上津波が大川小学校に到達

※時刻についてはおおむね推定可能であったもののみを記載。また記載順は、原則として時間的な前後関係を示しているが、必ずしもすべての順序が明確でないことから、一部は前後していた可能性がある。

■事前対策及び事故当日の行動に関する分析（報告書 第4章）

（1）当日の行動に関する分析

①教職員が当日得ていた情報の分析

校庭にいた教職員らは、ラジオから災害情報を得ていたものと推定される。この間の教職員による災害情報の収集は受け身・待ちの姿勢であり、積極的情報を集めに行くという姿勢が十分ではなかったものと考えられる。これについては、動揺する児童を落ち着かせるなどの対応が必要であったこと、校長不在により平時はトップとしてリーダーシップを発揮する立場であり、かつ学校の本部として情報収集の役割を担う2名のうち1名を欠いた中で対応する必要があったことが要因として関与した可能性がある。

②教職員の津波に対する危機感に関する分析

校庭での二次避難を続ける中、教職員は、少なからず津波を意識していたものと推定される。この間、少なくとも一部の教職員は、校庭からの三次避難の必要性について検討し、その際に山への避難を考慮したものと推定される。しかし、少なくとも15時15分~20分頃までは、地域住民・保護者はもとより、教職員においても、大川小学校付近まで津波危険が及ぶ可能性を具体的に想定し、切迫した避難の必要性を認識していた者は、多くはなかったものと推定される。

教職員の津波に対する危機感は、時間経過とともに徐々に高まったものと考えられるが、即座に校庭からの三次避難を検討し決断するほどまで強いものではなかったものと考えられる。これには、いわゆる「正常性バイアス」により明確な根拠に基づかない楽観的思考をするようになったこと、児童・保護者を落ち着かせようとしたり、地域住民・保護者が釜谷交流会館・校庭付近にいたりしたことが楽観的思考を強めたこと、各種事前対策が津波に関する危機意識を十分に高めるものとなっていなかったことが、要因として関与していた可能性がある。さらに、支所職員が来校して体育館を避難所として利用できるか否か確認したことも、危機感の高まりを抑制する方向に働いた可能性がある。

③教職員による避難の意思決定に関する分析

避難するか否かについての相談に際しては、教職員のほか、一部の地域住民も関与していたものと考えられる。一部教職員が考慮していた山への避難については、この相談の中、比較的早い段階から提案として出されていたものの、避難先としての安全性が十分に確保できないとの判断が下され、その時点では津波に対する危機感を強く感じていなかったこともあいまって、山へ避難は行わないという意思決定がなされたものと考えられる。ただし、こうした相談の具体的な内容については、関係者のほとんどが死亡していることから、その詳細を明らかにすることはできなかった。

少なくとも校庭からの避難を意思決定した時点では、大きく切迫した津波来襲の危機性を感じていたのではなく、むしろ念のために避難を決定したものであったと考えられる。避難開始の直接的なきっかけを明らかにすることはできなかったが、その時期等を考慮すると、15時32分にラジオから得られた「予想津波高10ｍ以上」の情報であったものと考えられる。

避難先、避難経路の選択に際しても、教職員が地域住民と相談して決定したものと推定される。しかし、なぜ三角地帯を避難先としたのか、なぜあのような避難経路を通ったのかについては、最終的な意思決定に直接関わった教職員らが全員死亡していることため、明らかにすることはできなかった。

津波来襲の危険に備えた垂直避難という観点から考えられる校舎2階、学校裏山、より遠方（釜谷トンネル方向など）の選択肢についてどの程度具体的に検討し、そのリスクなどを比較衡量したかについては不明である。なお、早い段階に一度危険であると却下した裏山を避難先として選択することに心理的抵抗があった可能性、地域住民も共に避難することが避難先、避難経路の選択に影響を及ぼした可能性は否定できない。

児童・教職員が校庭から避難を開始した後、教頭が「津波が来ているので急ぐように」と指示したことについては、直接又は伝聞により支所公用車の広報若しくは河川を遡上する津波の情報を得たことによるものと推定される。

④教職員の組織的対応に関する分析

本事故で多数の児童・教職員が被災したことについては、大川小学校の教職員集団が下した意思決定において、その時期が遅かったこと、及びその時期の避難であるにもかかわらず避難先として河川堤防に近い三角地帯を選択したことが、最大の直接的な要因である。

教頭をリーダーとした組織的かつ積極的な情報収集と、活発な議論に基づく柔軟かつ迅速な意思決定がなされていなければ、もっと早い時点で三次避難が開始されていた可能性があることは否定できない。

(2) 事前対策と当日の行動の関連に関する分析

①大川小学校における防災体制の分析

大川小学校の教育計画に定められた災害対応マニュアルは、津波災害を具体的に想定し、その対応を十分に検討するものではなかったと推定される。

同マニュアルの策定直前から事故発生までの間には、少なくとも3回、校長・教頭・教務主任を含む教職員間で津波対策が話題となる機会があったが、津波災害を想定した三次避難先の決定には至らなかったものと推定される。同校の災害対応マニュアルは、より具体的な検討の必要性があり、それが認識されながらも、必要な検討が進められないまま、具体性・現実性に欠ける計画となっていた部分があったと推定される。

大川小学校においては、発生可能性のある多様な災害に備えた災害対応マニュアルの具体的かつ十分な検討が進まず、その周知・共有も十分とは言えない状況にあったものと推定され、その意味で、同校の防災体制の運営・管理は必ずしも十分ではなかったと言わざるを得ない。この平常時からの防災体制のあり方が、事故当日の教職員の危機感と判断・行動の背景要因となった可能性は否定できない。学校の運営・管理を担う立場の者は、より強い牽引力をもって、同校の防災体制を推進する必要があったものと考えられる。

②石巻市教育委員会による指導・管理状況の分析

石巻市教育委員会が進めてきた学校防災の取り組みにおいて、津波対策は必ずしも重視されていなかったと考えられ、このことが大川小学校で津波対策が十分に推進されなかった背景要因の一つになったものと考えられる。なお、市教育委員会の取り組みにおいて津波対策が必ずしも重視されていなかった背景には、宮城県教育委員会の策定した「みやぎ防災教育基本指針」において、津波対策に関する記述がごく一部に限られていたことが関与した可能性がある。

市教育委員会では、各学校から提出された災害対応マニュアルの内容を確認し、具体的な対策の状況を把握して必要な指導・助言などを行う体制を取っていなかったものと推定される。このようなチェックの仕組みが欠落していたことは、大川小学校において災害対応マニュアルの具体的検討が十分に進まなかった背景要因と考えられる。

③石巻市における防災広報体制の分析

事故当日、大川小学校において津波来襲の危機感が大きく高まらなかった背景要因の一つとして、津波に関する情報が必ずしも十分ではなく、市災害対策本部からの災害情報がほとんど届かなかったことが挙げられる。

河北総合支所の行った防災行政無線による広報は事前計画どおりでなく、これは、市町合併後に修正された石巻市の地域防災計画が、旧河北町である河北総合支所まで十分に周知徹底されていなかったことによる可能性が否定できない。仮に防災行政無線の広報が事前計画どおりに行われていれば、繰り返す放送が危機感を高め避難行動を促進するなど、より安全側の判断を促すことにつながった可能性がある。加えて、その広報にテレビなどの情報を活用していれば、刻一刻と変化する情報を迅速に伝えることも可能であったものと推定される。河北総合支所の防災行政無線による広報は、災害時の防災広報として必ずしも十分なものではなかったと考えられる。

これらのことから、市災害対策本部から大川小学校に対して、災害時に直接、情報伝達・情報交換を行う仕組みや手順の整備は十分ではなかったものと推定される。

市防災害担当部局と市教育委員会、学校現場は、事前に十分な連携を図り、行政と学校との情報共有・情報交換のあり方を検討すべきであったものと考えられる。

④ハザードマップ及び避難所の指定に関する分析

教職員・地域住民が具体的な津波来襲の危機を想定しなかった背景には、大川小学校がハザードマップの予想浸水域外になっており、津波災害時の指定避難所になっているという、事前対策が関与したものと推定される。特に、同校が地域の避難所として指定されていたことは、教職員・地域住民の判断・行動に強い影響を与えたものと推定される。

石巻市が作成・配布した津波に関するハザードマップは、コンピュータシュミレーションによる被害想定結果の計算精度や限界を踏まえた詳細な検討が行われておらず、その限界を知らせる注意書きも配慮に欠けたものであった。これは、ハザードマップ作成時の検討体制において専門知識が十分でなかったことが背景にあったものと考えられる。

石巻市における避難所の指定では、津波災害時の施設の安全性に関する検討が必ずしも十分ではなく、また津波からの垂直避難先と避難生活を送る避難所の区別も明確になっていなかったものと推定される。仮にこの両者が明確に区分され、避難所指定の際に十分な検討が加えられていれば、大川小学校は津波の際の垂直避難先として不適切であることがあらかじめ認識され、緊急避難先が別途検討されていた可能性は否定できない。

大川小学校においては、指定避難所として避難者受け入れへの対応を求められていたことが、教職員の判断・行動に影響を与えていたものと考えられる。その背景には、学校に避難所を設置した際の運営体制が確立しておらず、学校現場の教職員に依存する仕組みとなっていたことが要因となっていたものと考えられる。石巻市は、あらかじめ学校とは別の主体による避難所運営体制を構築しておくべきであったと考えられる。

避難所運営への関わりが学校の果たすべき児童・教職員の安全確保の取り組みに負の影響を与えないためには、防災担当部局と学校教育部局（教育委員会や学校現場）が連携して、避難所指定のあり方をともに検討していく体制を構築することが望まれる。

⑤教職員の養成・教育に関する分析

大川小学校においては、一部の教職員は津波防災に関する経験・知識を積み関心を持っていたものの、それが共有・活用されず、教職員全体としての津波・防災や危機管理に対する知識は必ずしも十分ではなかったと考えられる。これは、当日の行動を適切に判断できなかった要因であったのみならず、事前対策としての災害対応マニュアル・防災訓練の検討が進捗しなかった要因の一つにもなっていたものと推定される。

このように大川小学校の教職員が津波防災や危機管理の知識・経験を十分に持ち合わせていなかった背景要因の一つとして、教員養成課程における防災・危機管理教育が十分ではないことがあると推定される。また、宮城県としての学校現場における津波防災対策の推進は、取り組みが新たに始められていたが、必ずしも十分に定着した状態までには至ってはいなかったものと推定される。

震災当時の大川小学校では、同校における勤務年数の短い教職員が多く、学校周辺の地域の状況（地理的条件、災害履歴をはじめとする災害環境、社会環境等）を必ずしも熟知していなかったものと考えられ、これが事前対策、当日の行動のいずれにおいても学校裏山を避難先として選択できなかったことの背景要因となった可能性がある。

⑥学校の立地・設計に対する分析

昭和60年に行われた大川小学校の新校舎建設に際しては、多様な災害危険を想定し、これに備えた安全性を確保するよう立地・設計の上で配慮することが、必ずしも十分には行われていなかったものと推定される。仮に、こうした配慮を十分に行っていれば、たとえより高い土地への建設が困難であり、かつ2階建てより高い建物としない場合でも、近隣高台への避難路・避難階段等の整備につながった可能性は否定できない。

校舎の立地・設計に際し、災害危険への配慮が十分なされなかった背景には、学校建築における安全基準が十分でなかったことも関与した可能性が考えられる。

■事後対応（報告書 第5章）

（1）事故後の初期対応

①直後の情報伝達

消防団員らによる道路啓開、船による入釜谷地区との連絡、津波被災者の救援救助などの結果、地震翌日の早朝には、間垣地区の堤防の基礎部分を歩くか、船外機のある船を使うなどして、釜谷地区へ到達することができたものと推定される。

教職員Aは、学校の壊滅的状況及び緊急救助の必要性について、震災当日の避難先関係者などにはほとんど伝えていないものと推定される。ただし、仮にこれを伝えたとしてもどれだけの救助活動が実施できたかは定かでなく、また教職員Aが冷静かつ適格な判断と行動をできる状態になかった可能性も否定できない。しかしながら、こうした緊急要請が行われなかったことが、遺族・保護者に強い無念の思いを抱かせることになった可能性がある。

より組織だった救援・救助活動のため、及び石巻市教育委員会が早く大川小学校の被災状態を正確かつ具体的に確認するためには、教職員Aから教育委員に対し確実に情報が伝わるように手配する必要があったと考えられる。

②校長及び石巻市教育委員会の被災直後の対応

校長が大川小学校の現地に初めて入ったのは3月17日である。地震翌日には何らかのルートにより釜谷地区に到達することができたと推定され、校長はより早期に大川小学校の現地に入り、学校の状況を自ら確認するとともに、児童の状況について情報を収集し、石巻市教育委員会に正確に伝えるべきであったと考えられる。もしそれがなされていれば、石巻市教育委員会の認識も違うものになったと推定され、事故に対する対応体制を整えてその対策をとることができた可能性は否定できない。

震災当時、教育長が病気休暇中であり、教員出身でない事務局長が教育長代理を務めていたことが、各学校の状況の把握、迅速な意思決定、学校現場への指示などに一定の否定形な影響を及ぼした可能性がある。震災の約1週間後には大川小学校の被害状況が特に大きいことが明らかになってきたのであるから、石巻市教育委員会はその被害状況に対応した対策本部を立ち上げ、対策を打ち出すべきであったと考えられる。そして石巻市教育委員会がそのような対策をとっていれば、遺族・保護者との関係ももっと変わったものになっていた可能性がある。

大川小学校及び石巻市教育委員会による被災直後の対応については、数多くの児童・教職員が被災した事故への対応としては、到底十分とは言い難いものであったと評価せざるを得ない。そこには、石巻市全体の震災による被害が甚大であったことが大きく関与したものと推定されるとともに、同校及び市教育委員会において、こうした重大事故時、特に教職員のほとんどが死傷する事態への対応が想定されていなかったことが大きな要因となったものと推定される。

（2）行方不明者の捜索

遺族自らが捜索活動に当たったほか、当初は地元の消防団、しばらくしてからは消防、自衛隊、警察、海上保安庁による捜索活動が行われた。ただし、遺族・保護者から、行方不明者の捜索においてなかなか自分たちの意見が反映されなかったとの声がある。また、その後も捜索活動が継続される中、石巻市教育委員会は、保護者・遺族の要望を受けて関係機関に働きかけ、調整を行うという役割を担った。しかし一方で、これらの捜索活動のほとんどは、行方不明児童の保護者や遺族が強く要請し、時には報道関係者に訴えることによって実現したものであり、市教育委員会が主体的に検討・提案したものではなかった。

今後の災害における行方不明者の捜索にあたっては、捜索側が保護者の地元住民との間で情報や意見の交換を丁寧に行うなど、捜索活動に対する遺族・保護者の関与のあり方について検討する余地があると考えられる。

（3）児童・遺族などへの対応

①登校日の持ち方

平成23年3月29日に実施された登校日は、校長の判断で行われたものであり、教育委員会からの指示・指導はなかったものと推定される。その準備や当日の持ち方については十分な配慮が必要であり、石巻市教育委員会からの適切な支援が必要であったと考えられる。

②保護者説明会のあり方

第1回保護者説明会（同年4月9日）は、石巻市教育委員会側と遺族・保護者側との間でその位置づけを巡って考え方に齟齬があることが、紛糾する原因となったと考えられる。説明会は貴重な機会であるから、紛糾や誤解を避けるために出来るだけ事前に準備をし、両者の考え方をすりあわせた上で行われるのが望ましい。

第2回保護者説明会（同年6月4日）はあらかじめ1時間で終了することが決められており、会の冒頭でそれが主催者側から告げられたが、これは遺族や保護者の心情を大きく傷つけるものであった。また、市長の用いた「自然災害における宿命」という表現は、遺族・保護者の気持ちを逆なでする不用意な発言であり、不適切であったと考えられる。さらに、終了時における、今後の説明会の予定はない旨の発言も同様に遺族・保護者の心情を傷つけるものであった。石巻市教育委員会は、遺族・保護者の心情に十分に配慮して、その対応を行うべきであったと考えられる。

市の体制については、大川小学校の被害が市役所全体としてどのように向き合うのか、市内部での検討が十分ではなかった可能性がある。石巻市役所において大川小学校の問題は教育委員会任せにし、市長を含めて市役所全体の問題として対処する姿勢がなかったものと推定される。さらにこの姿勢が、説明会の開催やその持ち方にも影響を与え、市と遺族・保護者との乖離をより大きくした可能性がある。

（4）石巻市教育委員会による事実調査

第1回保護者説明会で教職員Aが当時の状況を説明するにあたり、石巻市教育委員会は、事前に当日の発言内容と客観的事実等との整合性確認や、教職員Aの心的外傷に配慮を行っていないものと推定され、十分な配慮に欠けていたと考えられる。

平成23年5月上旬から中旬にかけて行われた児童等の聴き取りにおいては、心的外傷に関する専門家の助言や同席、事前の保護者との調整・同意、丁寧な実施と記録が必要であるにも関わらず、これらがほとんど行われておらず、大きな問題であると考えられる。録音していない中で、何らの指示もなく、日常的な業務の延長として聴き取りのメモが破棄され、後に証言記録の信憑性を疑わせる余地をもたらした。また、聴取の方法、記録の精度は担当者によってまちまちであり、結果として聴取書の内容に対する疑義を深める一因となったものと推定される。児童に対する聴取を事前調整が十分でないままに実施したことにより、統一的、系統的な聴取の妨げになった可能性は否定できない。

さらに、保護者への説明に際して根拠の不明確な報告がなされるなど、事実を根拠とした厳密な調査分析が行われていなかったことが、隠蔽などという多くの疑念をもたらしたものと推定される。

石巻市による事実調査においては、生存者等からの証言を得る段階で必ずしも十分に適切な対応をとることができておらず、また得られた情報の分析・評価においても事実認定などの厳密さ・慎重さを欠いていたものと推定される。その要因として、石巻市教育委員会が事故調査というものについて十分な知識・経験を有しておらず、どのような点に配慮すべきかを理解していなかったことがあったものと推定される。

(5) 遺族等への対応

児童・遺族や保護者に対する心のケアの必要性は、震災後、比較的早い時期から認識されていたと推定される。しかし、関係機関の実施した対応の主たる対象は大川小学校に継続して通う児童とその保護者であり、震災後に転校した児童やその保護者、死亡・不明児の保護者への対応は十分であったとは言い難い。

遺族・保護者への支援について、全体を掌握して必要な連携・調整をとることのできる体制は構築されなかったものと推定される。

本事故のような大規模な被害が生じた場合の心のケアには、網羅性、継続性、系統性が必要であると考えられる。

■提　言（報告書 第6章）

本事故の検証結果から得られた教訓に基づき、全国の関係組織、住民、教育・防災の専門家に対し以下の通り提言する。文部科学省は、これらの提言の確実な実行を強く奨励し、必要なモニタリングやフォローアップに努めるとともに、対策の進展状況を公表し続けてもらいたい。

【提言1】　教員養成課程における学校防災の位置づけ

●文部科学省及び各教員養成大学は、子どもたちの命を守る任務に関わる環境や防災に関する教育を、教職課程の基礎教育又は教養教育の必修科目と位置づけ、教員が確実にこれを学ぶことのできる環境を整備すること。

【提言2】 教員養成に対する防災・危機管理研修の充実

●文部科学省及び都道府県・市町村教育委員会は、各学校の防災意識や危機管理意識を高め、具体的に子どもたちを被災から守る実質的な研修を実施すること。また、その際には、地域住民を守る一般地域行政機関の研修や訓練とも十分な連携を図ること。さらに、研修実施に際しては、科学的・専門的な知識とともに、具体的で実効性のある研修方法を習得した講師に、これを行わせること。

●各学校は、これらの研修の内実を自校の実情に照らして職員会議等で必ず議論し、教職員間で共有すること。

【提言3】 教職員の緊急事態対応能力の育成と訓練

●文部科学省は、学校現場のためのCRM訓練又はそれに類するノン・テクニカル・スキルの訓練手法を開発すること。

●都道府県・市町村教育委員会は、上記訓練手法を教職員研修に取り入れること。また、校長、教頭などの管理職に平常時および緊急時のそれぞれに求められるリーダーシップの教育・訓練を実施すること。

●各学校は、教職員間のコミュニケーションを促進し、（職位、年齢、経験などにおいて）下の者から上の者への意見の表明、間違いの指摘がしやすい職場風土を醸成するとともに、上の者が必要なリーダーシップを発揮できるよう、適切な権威勾配を維持するように努めること。

●各学校は、迷ったときには子どもの命を何よりも第一に考えた選択肢を選ぶことを教職員間で申し合わせ、その旨を行動指針として折に触れ確認すること。

●文部科学省は、教職員や教育委員会関係者の緊急時対応能力をさらに高めるため、想定外の状況やジレンマ状況における行動と意思決定に関する教育訓練手法を研究し、将来的には都道府県・市町村教育委員会がそれを教職員研修に取り入れるよう求めること。

【提言4】学校現場における災害対応マニュアルのあり方

●各学校は、学校の災害対応マニュアルを検討するにあたり、その学校に及ぶであろう災害危険の種類を具体的に想定するなど、学校を取り巻く災害環境を十分に確認した上で、起こり得る災害種別に応じた適切な避難先・避難路・避難方法をあらかじめ定めておくこと。また、その内容を関係者に十分に周知徹底するとともに、実践的な計画であることを防災訓練などを通じて検証し、常に必要な改善を図ること。

●市町村教育委員会は、関係機関・専門家との連携体制を構築し、各学校における上記の取り組みに対し、必要な専門的知見の提供が可能となるよう、これを支援すること。

【提言5】　災害対応マニュアル策定・確認体制の充実

●市町村教育委員会は、例えば下記のような仕組みを構築することにより、各学校の災害対応マニュアルの整備状況を幅広い視点から定期的に確認し、その改善につながるよう学校を指導すること。

・各校の学校評価における評価項目としての明確な位置づけ

・各校のＰＴＡ役員会に対する協議の義務づけ
・学校同士のピアレビュー（相互評価）の仕組みの導入

【提言6】　学校に対する災害時の情報収集伝達手段の整備

●市町村は、学校や指定避難場所・避難所に対し、避難等に関する情報を迅速かつ確実に伝達できるよう、以下の対策を講じること。
・防災行政無線のほかに、多様な情報手段の確保を図り、情報伝達の信頼性や冗長性を高めること。
・防災行政無線の戸別受信機の設置、衛星電話等によるホットライン等により、個別的かつ具体的に伝達や指示ができるシステムを確立すること。それらの装備やシステムは、停電や電話回線の輻輳あるいは地震動や浸水にも強いものとするため、非常時の電源確保や設置場所の見直し等を図ること。

【提言7】　学校からの能動的な情報収集体制の構築

●各学校は、災害時には自ら情報を取りに行くという意識付けをはかり、災害対応マニュアルにもその具体的な方法を明確にしておくこと。

●各学校及び市町村は、監視カメラや簡易地震計を学校周辺に設置するなどの対策を講じることにより、各学校が洪水や津波あるいは周辺の火災など学校周辺の災害危険の状況をいち早く認識できるようにすること。

●各学校及び地域は、例えば学校を地域の災害情報拠点として整備し、地域における情報の集約化や共有化が迅速に行えるようにすることなどにより、学校と消防団や自治会長等を含む地域住民との情報連絡体制を構築しておくこと。

【提言8】 学校防災における地域住民・保護者との連携

●各学校は、保護者や地域組織（町内会・消防団等）と積極的に協議する機会を持ち、学校における防災・危機管理対策に関する具体的連携を図ること。

●市町村及び市町村教育委員会は、学校における防災・危機管理対策について、教職員と地域住民、保護者及び関係機関が連携・協議する場を設け、学校の災害対応マニュアルの確認とその改善に向けた検討を進めること。

【提言9】　教職員の避難所運営への関わり方

●市町村は、学校が指定避難所となっている場合においても、あらかじめ地域住民で構成される自主防災組織などを育成するとともに、避難所運営計画の策定・避難所運営訓練などを行って、教職員に依存しない、確固とした避難所運営体制を構築すること。

●市町村教育委員会は、この市町村の取り組みに協力するとともに、学校現場における実効性を確認し、必要に応じ市町村の担当部局との連携・調整を図ること。

【提言10】　指定避難所の承諾及び避難所運営に関する学校側の取り組み

●各学校は、自校が住民の避難所として適当かどうか、協議を図りつつも主体的に判断に関わること。その際、各種災害を想定し、また津波や洪水等の垂直避難を要する緊急避難の場合と、生活（収容）避難を識別すること。さらに、承諾に当たっては、子どもの命・安全の確保を最優先に考え、その上で住民の避難所運営にどのように協力できるかを主体的に検討すること。

●市町村教育委員会は、地域の指定避難所となっている学校について、災害直後から地域住民が学校へ避難し、また学校施設内で一定期間の避難所生活を営むことを前提に、災害対応マニュアルを策定するよう指導すること。また、その際には、子どもが在校中に災害が発生した場合の避難者収容場所を具体的に想定するとともに、避難所生活を送る被災者と子どもが、一定期間、同じ施設を共用しなければならないことを前提に、その空間利用のあり方などを検討すること。

【提言11】　災害に対応した避難場所の設定と避難訓練

●各学校は、考えられる災害を最大限想定し、その災害に対応した避難場所の設定と避難の具体的方法を共有し、その訓練をしておくこと。その際、特に次のような点に配慮すること。

・海岸及び河川近くの低平地に立地する学校では、一定の強震があり1分以上の長い揺れが生じた場合は、津波発生のおそれが高いことを考え、的確な情報収集を行うとともに、一刻も早く垂直避難を考えなければならないこと。

・避難訓練は、子どもが自ら判断・行動する能力の向上を意識し、教職員と認識を共有しつつ、全体として主体的に動くことのできる訓練であること。

●市町村教育委員会は、各学校が、各種災害に応じた適切な避難訓練をしているか確認し、その状況に応じた適切な支援と指導を図ること。

【提言12】 保護者への引渡しの考え方とその訓練の必要性

●各学校は、子どもの引渡し方法について、災害の状況に対応した具体的方法を保護者と事前に十分協議し、保護者と十分な共通認識を図るとともに、定期的に引渡し対応訓練を実施すること。またその際、次のような点に配慮すること。

・地震発生時に津波のおそれのある場合は、原則として保護者も子どもと一緒に高台に避難するよう促し、子どもを引渡す場合でも保護者が安全な高台避難を意図している場合に限ること。

・引渡し時は保護者確認が原則であるが、保護者が迎えに来られない場合を想定し、具体的な方策を設定しておくこと。

【提言13】 避難訓練と防災教育をつなぐ取り組み

●各学校は、個々の教職員が地震・津波といった自然現象に関する確かな基礎知識と防災意識を持ち、学校近隣の地域環境的状況にも精通し、防災訓練と連動した防災教育を行うこと。その防災教育に際しては、子どもたちが学校にいない場合(休日等で自宅や地域周辺にいたり登下校中などの場合)であっても、瞬時に自分で判断・行動できる知恵を育むことを目指すこと。

【提言14】 防災・安全面を考慮した学校の立地

●文部科学省は、子どもの安全性や防災上、学校に適した立地の基準をより具体的に規定すること。

●学校設置者は、上記の基準に関わらず、沿岸・沿川部の学校の立地に当たっては、津波や風水害を意識した立地条件を考慮すること。また、学校を高台に建設することが困難な場合でも、近隣に避難する高台がある場所を選定し、高台までの避難路を確保すること。

【提言15】 校舎設計における防災・安全面への配慮

●学校設置者は、学校の校舎等の設計に際して、地域の災害環境を十分に考慮し、起こり得る災害の種類別に危険性を考えて、これを校舎設計に反映すること。とりわけ、沿岸部で低平地に立地する学校では、その規模等のみから階高を検討するのではなく、垂直避難の可能性を十分に考慮して、安全を確保できる高さの校舎とすることを検討すること。

【提言16】 低頻度巨大災害の危険性の正しい確認

●市町村は、これまで作成した、又は今後作成するハザードマップについて、その作成過程を見直すとともに、地域の地勢を地形などに即して具体的に検証すること。また、ハザードマップの内容が「安心情報」にならないよう、その正しい理解のための啓発と広報に努めること。さらに、そのハザードマップを活用した地区ごとの避難計画を、住民参加のもとで作成すること。

●住民は、そうしたハザードマップを自ら確認し、より詳細な手作りマップを作成するなど、地域の危険性を具体的に認識するよう努めること。

●各学校は、そのハザードマップと自校の立地条件（海岸部・河口・川等からの距離や海抜）を照合し、独自の避難マップを作るなど防災に努めること。

【提言17】　リスクコミュニケーションにおける専門家の役割

●専門家は、災害の危険性について住民が正しく理解できるよう、積極的な情報発信やコミュニケーションに努めること。

【提言18】　避難所と避難場所のあり方の見直し

●市町村は、災害時の住民の安全を確保する責任を負うという立場から、いわゆる避難所の指定に際し、以下の配慮をすること。

・緊急避難場所と収容避難所とを明確に区別して指定や整備すること。

・緊急避難場所と収容避難所の区別を明確にして周知をはかること。

・特に緊急避難場所の指定に際しては、災害種別ごとにその安全性を十分に検討すること。

・緊急避難場所と収容避難所に対しては、行政として責任をもって情報提供を行うため、情報伝達手段・伝達経路などを予め整備すること。

【提言19】　住民や重要施設への情報提供のあり方の見直し

●市町村は、災害時における学校や住民等への適確な情報伝達を確実なものとするため、以下の対策を講じること。

・災害時の広報内容について、事前に十分検討し、その改善を図るとともに、広報手段の多様化や耐災化を図ること。

・行政機関相互の緊急時の情報連絡のシステム、行政と学校や住民とをつなぐ災害情報伝達システムの整備を図ること。また、それらのシステムが適切に機能するよう、その維持管理に努めるとともに、日頃から関係職員に対して研修・訓練を重ねること。

【提言20】　事故対策本部機能をあり方

●市町村及び市町村教育委員会は、学校が被災した場合、その被災の程度に応じた事故対策本部を設置し、被害状況の把握、学校経営への支援、被災者・遺族の要望の把握などの活動を速やかに展開できる体制がとれるよう、あらかじめその計画を定めておくこと。

【提言21】 被災者・遺族支援のあり方

●文部科学省は、事故対応における適切な取り組みを実現するため、あらかじめ学校事故・災害の被災者・遺族支援に関するガイドラインを策定すること。

●市町村教育委員会及び各学校は、上記ガイドラインを参考に、教育委員会及び各学校の災害対応マニュアルの中において事故・災害後の事後対応に関する計画を具体的に定めること。

【提言22】 子どもに対する聴き取り等における配慮

●各学校及び市町村教育委員会は、学校内の事故・災害等によって生じた人的被害について、その事実経過や原因の調査のために、子どもから聴き取りを行う場合に備え、あらかじめそのあり方を検討し、必要な計画を立てるとともに、専門家との連携方法、聴き取り担当者の教育・訓練などを実施しておくこと。

【提言23】 調査・検証のあり方

●文部科学省は、学校内で事故が発生した場合に備え、事故調査・検証のためのガイドラインを作成すること、そのガイドラインでは、調査・検証を行う主体に関する判断（当該学校か、第三者機関か）、一般的な調査・検証の進め方、子どもをはじめ当事者に対する聴き取り時の配慮、情報管理のあり方（原則として聴き取りの際には録音をすること、メモ類は廃棄しないこと、聴き取りの録取書の公開の是非）などについてできる限りわかりやすく記載すること。

【提言24】 調査・検証における透明性の確保

●今後、事故調査を行う者は、事故調査活動において、会議をどの程度まで公開するかについて、調査の対象となる事故の種類、被害の状況、関係者の範囲などに鑑みて、慎重に判断すること。

[著者略歴]

高須 基仁（たかす・もとじ）

1947年12月9日生まれ。静岡県掛川市出身。中央大学経済学部を卒業後、大手玩具メーカーのトミーに入社。玩具開発の最前線で数々のヒット作を連発し、「プラレールの高須」「UNOカードの高須」などと呼ばれる。後に、英国系企業に移籍。ファミコン出現以前の玩具業界で、超ヒットメーカーとして活躍する。その後、芸能プロダクション、制作会社、モッツ出版の経営に乗り出す。1990年代にはヘアヌードの仕掛人として、数多くの写真集をプロデュースし話題となる。1996年から文筆活動を開始し、多くの連載コラムで人気を博す。著書多数。

〈著書〉『危機突破の「駆け引き」術』（日本文芸社）、『毛の商人』（コアマガジン社）、『美神たちの裸心』（ゴマブックス）、『散骨』（光文社）、『美女のつぶやき』（芳賀書店）、『美女が脱ぐ瞬間』『エロスジャンキー』『毒舌対談』（以上、リム出版新社）、『私は貝になりたい』（モッツ出版）、『人たらしの極意』『国粋ニッポン闘議』（以上、春日出版）、『高須新聞　縮刷版』（鹿砦社）、『くそったれ！』『飲んで　暴れて　惚れて』（以上、三才ブックス）、『芸能通信簿』（静新新書）、『悪名正機』（週刊金曜日）、『全部摘出』『慶應医学部の闇』『国粋ニッポン闘議』（展望社）

東日本大震災最大の被災地・石巻
病める『海のまち』・闇

2016年 9月10日 初版第1刷発行
2016年 10月 3日 初版第2刷発行

著 者 高須 基仁

発 行 モッツコーポレーション（株）
〒105-0004 東京都港区新橋 5-22-3
ル・グランシエル BLDG3.3F
電話 03-6402-4710㈹ Fax 03-3436-3720
E-Mail info@mots.co.jp

発 売 株式会社 展望社
〒112-0002 東京都文京区小石川 3-1-7 エコービル 202
電話 03-3814-1997 Fax 03-3814-3063

装幀・組版 岩瀬正弘
印刷・製本 ㈱ティーケー出版印刷

ISBN978-4-88546-318-1